WALKING**BASS**PARA **GUITARRA**JAZZ

Aprenda a Combinar com Maestria os Acordes de Jazz Com as Linhas de Walking Bass na Guitarra

COM

JOSEPH**ALEXANDER**

FUNDAMENTAL**CHANGES**

Linhas de Walking Bass Para Guitarra Jazz - Martin Taylor

Aprenda a Combinar com Maestria os Acordes de Jazz Com as Linhas de Walking Bass na Guitarra

ISBN: 978-1-78933-065-6

Publicado por **www.fundamental-changes.com**

Mais de 10,000 fãs no Facebook: **FundamentalChangesInGuitar**

Instagram: **FundamentalChanges**

Para mais de 350 Aulas de Guitarra Gratuitas com Vídeos Acesse

www.fundamental-changes.com

Imagem de Capa: Reproduzida com a gentil permissão de Robert Burns

Conteúdo

Sobre os Autores

Dr. Martin Taylor MBE é um guitarrista virtuoso, compositor, educador e inovador musical.

A revista *Acoustic Guitar* o considerou: "O guitarrista acústico desta geração". Chet Atkins disse que Martin é: "Um dos maiores e mais impressionantes guitarristas do mundo". Pat Metheny comentou que: "Martin Taylor é um dos guitarristas de solo mais incríveis da história do instrumento".

Considerado largamente como um dos expoentes principais em todo o mundo no solo de jazz e na guitarra *fingerstyle*, Martin possui um estilo único que lhe garantiu aclamação mundial de músicos, fãs e críticos. Ele deslumbra audiências com um estilo único que combina artisticamente a sua virtuosidade, emoção e humor com uma forte e engajante presença de palco.

Taylor tem desfrutado de uma carreira musical impressionante que já dura cinco décadas, com mais de 100 gravações de sua autoria. Ele, que começou a tocar com a tenra idade de 4 anos, foi, de forma totalmente autodidata, o pioneiro em desenvolver uma abordagem única para o solo de jazz, que agora ele desmistifica em sete etapas distintas para que seja possível ensiná-la a você.

Joseph Alexander é um dos mais prolíficos escritores de métodos modernos para o ensino da guitarra.

Seus livros já venderam mais 400,000 exemplares que têm educado e inspirado uma geração de novos músicos. A sua forma descomplicada de ensinar é baseada em quebrar barreiras entre a teoria e a prática e em tornar a música acessível a todos.

Tendo estudado no London's Guitar Institute e no Leeds College of Music, onde ele adquiriu um diploma em Jazz Studies, Joseph já ensinou milhares de estudantes e escreveu mais de 40 livros sobre como tocar guitarra.

Ele é o diretor gerente da *Fundamental Changes Ltd.*, uma editora que tem como único propósito criar livros de ensino de música da mais alta qualidade e pagar excelentes royalties para os seus escritores e músicos.

A Fundamental Changes já publicou mais de 120 livros de ensino de música e está aceitando escritos de autores prospectivos e professores de todos os instrumentos. Entre em contato conosco via **webcontact@fundamental-changes.com**, se você gostaria de trabalhar conosco em um projeto.

Introdução

Uma das coisas que frequentemente me perguntam é como tocar as linhas de walking bass na guitarra. Ou entre os meus alunos particulares ou em algum dos eventos de guitarra que ensino, inevitavelmente alguém me perguntará sobre como combinar acordes com as linhas de walking bass e ao mesmo tempo manter um *groove* de jazz firme e continuar tocando a música.

Essa é uma ótima questão. Ser capaz de tocar ao mesmo tempo os acordes e as linhas de baixo é o feito mais importante de um guitarrista de jazz, mesmo que você já esteja tocando em um duo de guitarra, trabalhando com um cantor, ou, até mesmo, tocando em uma grande banda com piano. Na realidade, a minha abordagem aos acordes e às linhas de baixo é o núcleo do meu estilo, portanto dominá-la te dará um profundo entendimento do meu estilo de *chord melody*.

Este livro irá te ensinar a minha técnica de combinar acordes e linhas de walking bass desde o início, começando com os mais importantes desenhos de acordes e digitações, e depois diretamente para a construção de linhas de baixo e para o domínio do *swing* de jazz.

Irei te ensinar como introduzir a síncope, como imitar os bateristas de jazz, como adicionar o icônico "salto melódico" dos baixistas e te dar outras dicas sobre o assunto. Tudo isso irá te ajudar a se tornar um excelente acompanhador, tão bom que outros músicos irão sonhar em trabalhar com você.

Uma habilidade importante para entender o *groove* é a de *ouvir*. É muito importante que você pesquise quem são os grandes baixistas, para que você possa ouvir como essas linhas devem, de fato, soar. Tudo o que fazemos nesse estilo tem a ver com imitar o baixista, logo, se você ainda não ouviu os músicos abaixo, seria importante pesquisá-los e dedicar algum tempo os ouvindo antes de mergulhar no Capítulo Um.

Alguns dos meus baixistas favoritos são:

• Niels-Henning Ørsted Pedersen

• Ray Brown

• Oscar Pettiford

• Jaco Pastorius

Ouça esses músicos incríveis e foque nos seus *grooves* e na posição das notas para capturar os seus ritmos. Se você quiser, você pode tentar copiá-los tocando junto com as cordas abafadas.

Antes de começarmos, quero te dar um conselho muito importante: *Por favor* não toque as linhas de walking bass quando você estiver tocando com um baixista de verdade. Você criará muitos conflitos e irá atrapalhá-los. Tocar as linhas de walking bass é o trabalho do baixista, assim sendo só use essas técnicas maravilhosas quando não houver uma baixista disponível. A sua banda irá te agradecer!

Agora que eliminamos isso, vamos mergulhar no Capítulo Um e conferir alguns dos desenhos de acordes mais apropriados para você usar quando for tocar o walking bass. Preste atenção às digitações, visto que elas podem não ser aquelas que você está acostumado.

Acesse os Áudios

Os arquivos de áudio para este livro estão disponíveis para download gratuitamente em **www.fundamental-changes. com**. O link está no canto superior direito. Clique no link "Guitar", depois selecione o título deste livro no menu e siga as instruções para acessar os áudios.

Recomendamos que você baixe os arquivos diretamente no seu computador, não no tablet, e extraia-os lá antes de adicioná-los à sua biblioteca. Você pode colocá-los no seu tablet, iPod ou gravá-los em um CD. Na página de download há instruções e nós também oferecemos suporte técnico.

Para mais de 350 Aulas de Guitarras Gratuitas com Vídeos Acesse:

www.fundamental-changes.com

Twitter: **@guitar_joseph**

Mais de 10,000 fãs no Facebook: **FundamentalChangesInGuitar**

Instagram: **FundamentalChanges**

Acesse os Vídeos

Como um bônus especial para os compradores deste livro, Martin Taylor preparou dois vídeos em que explica cada elemento-chave da sua técnica de acordes e de walking bass que não estão disponíveis em nenhum outro lugar. Acesse este link para visualizar/baixar o conteúdo:

https://fundamental-changes.teachable.com/p/martin-taylor-walking-bass-for-jazz-guitar

Ou use este link reduzido:

http://geni.us/walkingbassvideo

Se você digitar o link acima no navegador, por favor, note que não há o "www."

Você pode alternativamente escanear o QR code abaixo para visualizar os vídeos no seu smartphone:

Capítulo Um - Voicings de Acordes Essenciais

Enquanto a maioria dos guitarristas de jazz conhecem alguns grandes e impressionantes acordes com nomes assustadores, o mais comum (e mais efetivo) é utilizar pequenos fragmentos de acordes, quando você estiver aprendendo a tocar os acordes junto com a linha de walking bass.

Esse fragmentos são de chamados de *voicings*(ou vozes) de "tônica e tom guia", visto que eles contêm apenas a tônica do acorde, normalmente tocada na 6ª ou 5ª corda e os *tons guia* do acorde (a terça e a sétima), os quais são tocados nas duas cordas do meio da guitarra. As notas de terça e sétima são as que melhor definem o som de um acorde e indicam se ele é um acorde de sétima maior (Maj7), sétima menor (m7) ou sétima da dominante (7).

Ao longo de todo este livro você não verá uma única nota tocada na 1ª corda - E. Estamos lidando apenas com as notas graves e as vozes (notas) do centro do acorde e você irá se maravilhar de quão intrincados *grooves* podemos criar com estes pequenos fragmentos quando eles são combinados com um walking bass de jazz.

Como você provavelmente já sabe, há algumas mudanças importantes de acordes no jazz que surgem muitas vezes e usaremos umas dessas como a estrutura para desenvolver todas as nossas ideias em walking bass. A progressão é a sequência I VI II V (pronuncia-se: Um Seis Dois Cinco) na tonalidade de G Maior. Você pode conhecer esta sequência como uma progressão de *mudança de ritmo*, visto que ela forma a espinha dorsal da música *I Got Rhythm*e de muitas outras músicas consagradas do jazz, como *Oleo* e *Anthropology*.

Na tonalidade de G,

O acorde I é o GMaj7a

O acorde VI é o Em7

O acorde II é o Am7

O acorde V é o D7

Veremos como os acordes podem ser alteradores depois, mas, no momento, vamos começar a aprender esses acordes como *voicings tons guia* na sua mais básica forma no braço da guitarra. Preste atenção às digitações; algumas podem parecer estranhas no começo, mas há uma razão, que ficará aparente, para que elas sejam tocadas dessa forma. Certifique-se que as notas marcadas com um X sejam abafadas.

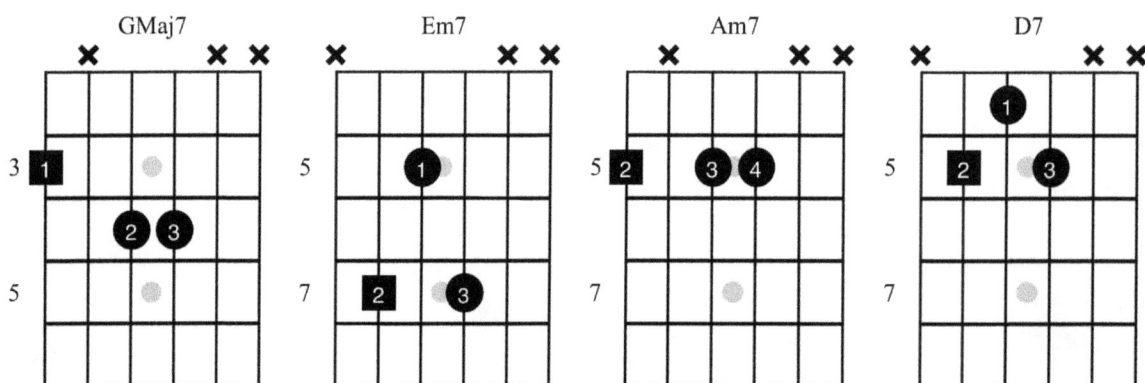

Vamos tocar esses acordes como uma simples progressão de jazz. Use os seus dedos e certifique-se de abafar as cordas indesejadas.

Exemplo 1a:

Estes acordes são *diatônicos* na tonalidade de G Maior. Isso significa que cada nota no acorde está contida na escala de G Maior. No entanto, músicos de jazz gostam de misturar as coisas e frequentemente tocarão um G7 em vez de um GMaj7, um E7 ao invés do Em7 ou um A7 ao invés do Am7.

De fato, o único acorde que quase nunca muda é o D7, e, às vezes, você ainda verá substituições para ele também. Retornaremos às substituições mais tarde neste livro. No momento, tente tocar a sequência I VI II V usando os seguintes acordes.

Exemplo 1b:

Quando você puder tocar o Exemplo 1a e o Exemplo 1b fluentemente, tente combiná-los e imaginar as diferentes possibilidades de sons. Por exemplo, você pode tentar a seguinte sequência:

Exemplo 1c:

Tente tocar a sequência I VI II V repetidamente, enquanto usa diferentes *qualidades* de acordes a cada vez.

Agora, vou te ensinar uma importante *substituição* de acorde. Em vez do acorde GMaj7 (ou G7), tocaremos o acorde Bm7. Esta substituição soa muito bem porque o Bm7 contém as notas tom guia (terça e a sétima) do GMaj7 e adiciona uma nota extra.

Compare os tons dos acordes GMaj7 e Bm7:

Acorde	1	3	5	7
GMaj7	G	B	D	F
Bm7	B	D	F	A

Quando tocamos o Bm7 em vez do GMaj7, a única diferença é que introduzimos a nota A . Normalmente, se um baixista ou pianista está tocando a nota G tônica, ouvimos a nota A como uma rica nota lindamente adicionada à harmonia. Não se preocupe, esta substituição funciona lindamente independentemente de haver um baixista ou não!

Tente tocar a seguinte progressão utilizando este voicing do acorde Bm7. Na primeira vez toco um G7. Na segunda vez toco o Bm7, em vez do G7. Antes de avançar, repita esta sequência até que você esteja confiante.

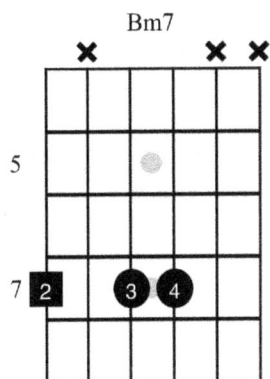

Bm7

Exemplo 1d:

Usar um Bm7 (acorde III) em vez do acorde I é uma substituição muito comum no jazz e os dois acordes são completamente intercambiáveis. Você pode usar ambos e isso não afetará o solista ou o cantor.

Entraremos na seção do walking bass em breve, eu prometo! Mas, primeiramente, precisamos explorar um pouco mais o braço da guitarra e aprender algumas formas diferentes de tocar a sequência de acordes I VI II V em diferentes áreas.

Que tal começar no início do braço e descer do G7 a partir da 10ª casa?

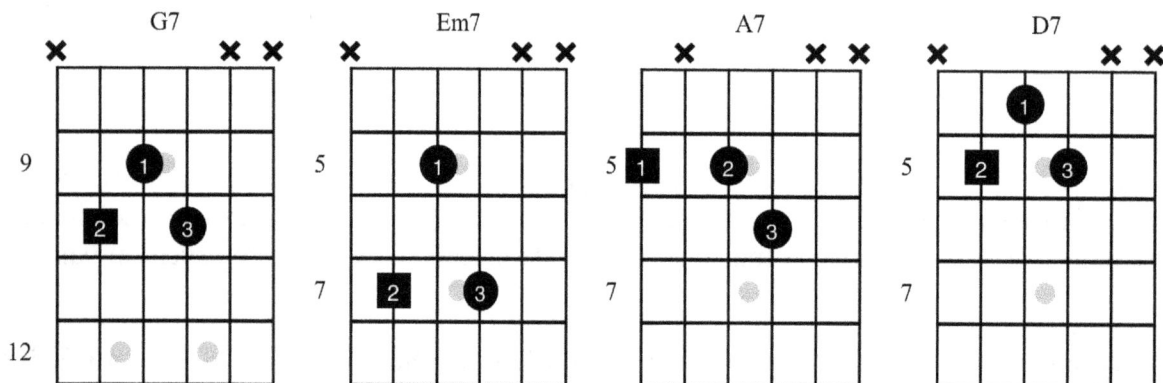

Exemplo 1e:

Poderíamos também descer do G7, a partir do início, e tocar um E7 usando algumas cordas soltas.

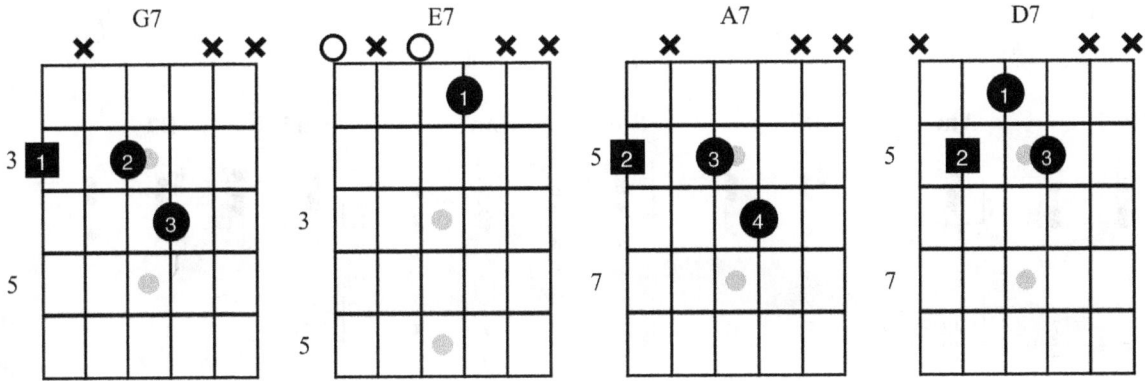

Exemplo 1f:

Podemos realocar o Am7 e o D7 para o final do braço. Isso funciona perfeitamente se começarmos com a substituição do Bm7.

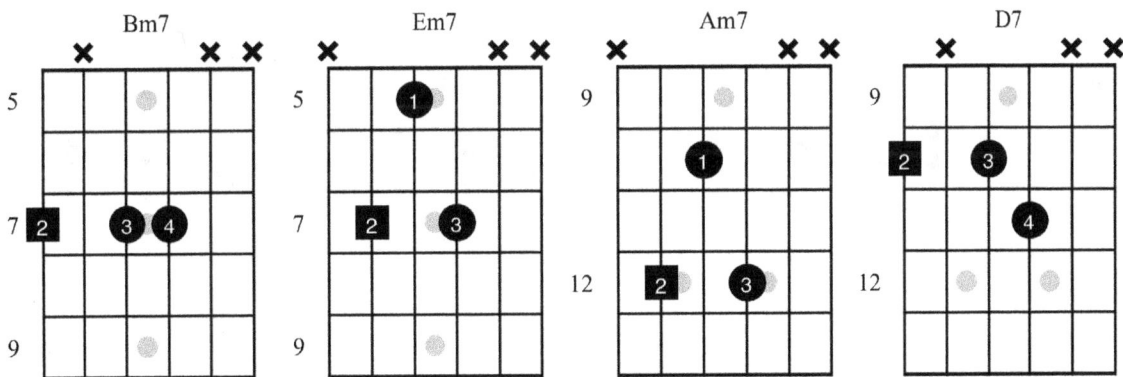

Exemplo 1g:

Obviamente, poderíamos começar com o G7 também!

Exemplo 1h:

A coisa mais importante a se fazer é experimentar e se divertir com essas progressões. Nos próximos capítulos adicionaremos as linhas de walking bass e mais interesse rítmico, mas, por enquanto, vamos explorar essa sequência de acordes em G Maior e descobrir qual a sensação de tocar todas as substituições que estudamos.

Você pode tocar:

Acorde I	GMaj7	G7	Bm7
Acorde VI	Em7	E7	
Acorde II	Am7	A7	
Acorde V	D7	(Dica especial: Tente o Ab7 também!)	

Antes de continuarmos, eu gostaria que você aprendesse esta sequência em outra tonalidade. Isso te ajudará a desenvolver o entendimento do braço da guitarra e tornará mais fácil transpor essas ideias rapidamente, quando você estiver trabalhando com um cantor ou uma seção de metais.

Comece aprendendo a progressão I VI II V na tonalidade comum de jazz: a F.

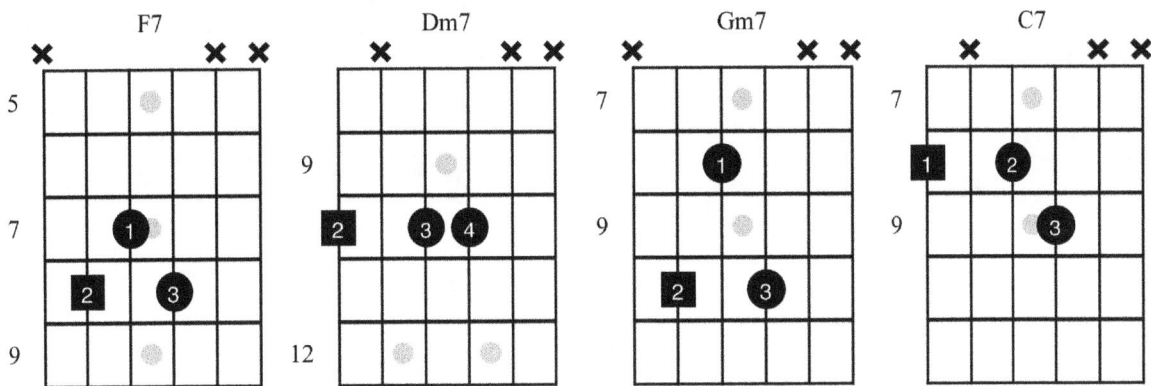

Exemplo 1i:

Capítulo Dois – Walking Bass Simples

Agora que já sabemos como tocar os acordes importantes e as substituições na progressão I VI II V, veremos como criar uma linha de baixo simples. O primeiro passo é tocar apenas a tônica de cada acorde. Mesmo que você já conheça a digitação das tônicas do Capítulo Um, tente executar os seguintes exercícios, utilizando o dedo indicador para tocar cada nota grave.

Toque a tônica duas vezes em cada acorde, mas preste atenção como eu acentuo cada nota. A primeira nota é mais longa e a segunda nota está levemente em *staccato* (ponto de diminuição). Ouça o áudio e tente copiar o meu ritmo.

Exemplo 2a:

Agora, vamos tocar a mesma coisa, mas começando do Bm (o acorde III) que utilizamos como substituto no capítulo anterior.

Exemplo 2b:

Junte os dois exercícios, quando você os tiver dominado.

Exemplo 2c:

Finalmente, dedique algum tempo para explorar as outras posições no braço, para ambas as sequências I VI II V e III VI II V. Aqui está um forma de executar as transições, mas você deve dedicar um tempo para explorar o braço você mesmo.

Exemplo 2d:

Ok, agora que sabemos onde estão as notas graves importantes, como começamos o walking bass? Bem, é mais fácil do que você imagina!

Para criar uma linha de walking bass sólida tudo o que precisamos fazer é adicionar uma nota de *aproximação cromática* em um semitom acima ou abaixo da nota grave alvo. Em outras palavras, em vez de tocar duas tônicas em cada acorde, substituímos a segunda nota com uma nota de aproximação cromática em um semitom acima ou abaixo do acorde *seguinte*.

Quando escrito isso parece um pouco mais complicado do que de fato é, portanto vamos conferir os primeiros dois acordes: o G e o E.

Quando tocamos duas notas em cada acorde, temos o seguinte:

Exemplo 2e:

Substitua a segunda nota G pela nota em um semitom acima da E (F).

Exemplo 2f:

Vamos repetir esse processo em cada acorde no compasso, assim, cade nota grave é tocada em um semitom acima. Use o dedo indicador para tocar cada nota. Isso pode parecer um pouco básico, mas, neste momento, quero que você aprenda o som, o ritmo e a localização das notas e não que as encontre por acaso.

Exemplo 2g:

Você pode ouvir como de repente nos tornamos baixistas?! As tônicas dos acordes estão todas nas batidas fortes do compasso (batidas 1 e 3) e as notas de aproximação cromática estão todas nas batidas fracas do compasso (batidas 2 e 4). Isso significa que não somente criamos *movimento*, mas também criamos uma *tensão* que *cessa* quando nos movemos para a tônica alvo.

Esse movimentos cromáticos não atrapalharão nenhum dos outros instrumentos (com exceção do outro guitarrista ou do baixista que estiver tocando a linha de walking bass) porque eles acontecem em pontos fracos do compasso e cessam nas tônicas.

O processo é o mesmo, quando quisermos fazer a transição para a tônica em um semitom abaixo. Comece na nota G, depois se aproxime da nota E partindo da nota cromática abaixo (D#). Utilize o dedo indicador para tocar cada nota, exemplo a seguir.

Exemplo 2h:

Abordar a tônica em um semitom abaixo soa tão forte como abordá-la em um semitom acima. Musicalmente isso tem o mesmo efeito, como, mais uma vez, a tensão na batida fraca cessa na tônica na batida forte.

Agora, comece no acorde III (Bm) e toque, no entanto, a sequência adicionando uma nota de aproximação cromática em um semitom acima.

Exemplo 2i:

Repita este exercício utilizando as notas de aproximação cromática em um semitom abaixo em cada acorde.

Exemplo 2j:

Quando você estiver confiante, junte as sequências I VI II V e III VI II V utilizando as notas de aproximação cromática, em um semitom acima.

Exemplo 2k:

Repita este exemplo, mas, com os cromáticos, abordando cada acorde, em um semitom abaixo.

Exemplo 2l:

Depois que você tiver dedicado algum tempo nos dois exemplos anteriores, é hora de ficar criativo e misturar as notas de aproximação cromática. Combine as notas de aproximação cromática tanto em um semitom acima como abaixo e toque o que mais te agradar. Te dei um exemplo abaixo, mas considere isso como uma tarefa criativa - encontre tantas formas quanto possíveis de executar a progressão. Continue utilizando o indicador e tente criar um ritmo musical que soe como o de um baixista.

Exemplo 2m:

Quando você estiver confiante criando uma linha de walking bass, explore as diferentes posições no braço. Aqui está uma ideia tocada em registro grave.

Exemplo 2n:

Agora toque no final do braço.

Exemplo 2o:

Vale a pena dedicar um tempo aqui, visto que conhecer o seu território no braço da guitarra te ajudará muito, quando combinarmos as linhas de walking bass com acordes no próximo capítulo.

Antes que avançarmos, aqui vai um desafio criativo:

Coloque o seu metrônomo em 60 batidas por minuto (bpm) e veja por quanto tempo você consegue executar o walking bass na sequência I VI II V III VI II V. A sua prioridade é sempre colocar a tônica nas batidas 1 e 3. Se você cometer um erro, continue avançando e tente não se perder.

Sempre grave as suas sessões e as reveja após 24 horas. Preste atenção ao seu ritmo (você está tocando no tempo?) e veja se há partes onde você consistentemente se esforça ou se perde na progressão. Se elas existem, isole tais partes e trabalhe os movimentos individualmente.

Conforme a sua confiança for crescendo, aplique todas as técnicas deste capítulo na tonalidade de F. Os acordes que você precisa estão no final do Capítulo Um.

No Capítulo Três, reintroduziremos os acordes e nos divertiremos combinando-os com as linhas de baixo.

Capítulo Três - Acordes e Linhas de Baixo Harmonizadas

Nos dois capítulos anteriores aprendemos como tocar os voicings do acorde na progressão I VI II V e como construir uma linha de baixo cromática. Neste capítulo combinaremos essas duas habilidades e também *harmonizar* as notas de aproximação cromática para criar um acorde autocontido e a estrutura da linha de baixo.

Como você viu no Capítulo Um, cada acorde pode ser tocado em várias *qualidades*, portanto, para manter as coisas simples, continuaremos com os seguintes acordes para começar.

No final do capítulo te mostrarei algumas variações importantes e como abordá-las musicalmente.

O primeiro passo é *harmonizar* (adicionar acordes) as notas cromáticas que adicionamos às linhas de baixo no Capítulo Dois. Isso soa complicado, mas, na realidade, é muito simples.

Você lembrará que tudo o que fizemos para criar a nossa linha de walking bass foi adicionar uma nota cromática em um semitom acima ou abaixo da nota alvo. Para harmonizar essas notas cromáticas, nós simplesmente tocamos um acorde com a mesma qualidade do acorde alvo.

Por exemplo,

• Se abordarmos o Em7 de um semitom acima (F) tocamos o acorde Fm7.

• Se abordarmos o A7 de um semitom acima (Bb) tocamos o Bb7

• Se abordarmos o D7 de um semitom *abaixo* (C#) tocamos o C#7

• Se abordarmos o G7 de um semitom acima (A#) tocamos o A#7

Aprenderemos algumas belas variações depois, mas esta abordagem é incrivelmente sólida e soará sempre bem.

Vamos conferir isso na prática na sequência I VI II V.

No exemplo seguinte, toco cada acorde na progressão e crio uma linha de baixo ao abordar cada acorde a partir um semitom acima. Depois, harmonizo a nota abordada utilizando um acorde da mesma qualidade do acorde alvo.

Exemplo 3a:

Agora, repita o processo, mas desta vez aborde cada acorde em um semitom abaixo.

Exemplo 3b:

Desta vez, vamos explorar a sequência III VI II V primeiramente a abordando cromaticamente, em um semitom acima.

Exemplo 3c:

E agora cromaticamente, em um semitom abaixo.

Exemplo 3d:

Quando você tiver praticado tudo isso, tente combinar ambas as progressões. No próximo exemplo mostro cada acorde abordado em um semitom abaixo, mas você também deve tocá-lo abordando cada acorde em um semitom acima.

Exemplo 3e:

Para te inspirar, aqui está um exemplo que combina as notas de aproximação cromática, tanto a paritr de um semitom acima como de um semitom abaixo.

Exemplo 3f:

Antes de avançar para a segunda parte deste capítulo, explore as outras áreas do braço que vimos no Capítulo Dois. Deve ser tarefa fácil aplicar as técnicas dos seis exemplos anteriores em outras áreas do braço. Além disso, execute toda a sequência de acorde na tonalidade de F Maior.

Agora que você está confiante tocando os acordes e as linhas de baixo no braço da guitarra, examinaremos como abordar as diferentes qualidades de acordes. Como você pode imaginar, a "regra" informal é que o acorde da abordagem deve ter a mesma qualidade do acorde alvo, mas há algumas exceções que soam muito bem, portanto vamos conferi-las.

Até o momento tocamos um G7 como o acorde I. No entanto, em algumas músicas, o acorde I precisa ser tocado como um GMaj7. Quando isso acontece, eu ainda *prefiro* abordá-lo utilizando um acorde de sétima da dominante, em um semitom acima. Em outras palavras, o acorde que precede o GMaj7 é um Ab7. Ele é tocado da seguinte forma.

Exemplo 3g:

Essa "regra" também se aplica quando você aborda o GMaj7 em um semitom abaixo – um F#7 soa muito bem.

Exemplo 3h:

Apesar de essa ser a minha preferência, funciona muito bem, contudo, tocar um acorde AbMaj7 antes do GMaj7, confie nos seus ouvidos e escolha o seu favorito! Você perceberá que eles são intercambiáveis.

Quando utilizarmos o Bm7 (acorde III) como substituto, o abordarei normalmente em um semitom acima, utilizando um acorde de sétima da dominante, neste caso, o C7.

Exemplo 3i:

Porém, quando toco um acorde cromático abaixo do Bm7, frequentemente tocarei um acorde de sétima menor – neste caso, o A#m7.

Exemplo 3j:

Essas são duas variações comuns que uso, mas você encontrará as suas próprias com a prática.

Antes de avançarmos, aqui estão um par de sentenças mais longas que combinam as progressões de acorde I VI II V e II VI II V utilizando as abordagens deste capítulo. Estude-as atentamente antes de improvisar as suas próprias ideias.

Exemplo 3k:

Exemplo 3l:

Finalmente, expanda essas sequências para outras áreas do braço da guitarra. Aqui está uma ideia em registro agudo.

Exemplo 3m:

Como sempre, use um metrônomo e grave-se tocando. Ouça-se depois de 24 horas e preste atenção ao seu ritmo e ao seu *groove*. Quando você estiver pronto, aprenda tudo na tonalidade de F também!

Até agora já realizamos uma grande quantidade de estudos básicos. Aprendemos os acordes, as ideias de linhas de baixo e as notas de aproximação cromática. No próximo capítulo veremos mais detalhadamente o ritmo e a síncope. Esse é o momento onde o seu ritmo musical se desenvolverá rapidamente e você começará a ouvir o baixo e os acordes como vozes separadas.

Capítulo Quatro - Síncope e Separação

Até agora, estudamos o básico da combinação de walking bass e de acordes na guitarra e neste capítulo aprenderemos como "separar" as partes fazê-las soar como se houvessem dois instrumentos diferentes tocando juntos. Aqui é onde a mágica acontece e o seu ritmo de jazz começa a se desenvolver.

Nosso objetivo aqui é permitir a continuidade do padrão contínuo do walking bass na semínima, enquanto os acordes alvo são movidos e tocados nos contratempos das batidas 1 e 3. No momento, omitiremos os acordes tocados nas notas de aproximação cromática, mas os adicionaremos de volta mais tarde para algumas variações e por curiosidade.

Vamos começar assimilando o ritmo fundamental das duas partes trabalhando juntas.

Toque a nota grave do acorde G7 na primeira batida e, com um lento e preguiçoso movimento, toque o resto do acorde (as duas notas nas cordas do meio) no contratempo, antes de mudar rapidamente para a nota F na segunda batida, que é a nota de aproximação cromática, e para o Em7 na terceira batida.

Repita o acorde do ritmo, antes de tocar a nota Bb da aproximação cromática e o A7 na quarta batida. Repita o ritmo com os acordes A7 e D7 no segundo compasso. Aborde cada acorde em um semitom acima.

Nos exemplos seguintes, mantenha o acorde acentuado curto e staccato.

Exemplo 4a:

Tente tocar o mesmo ritmo e aborde cada acorde em um cromático tom abaixo.

Exemplo 4b:

Repita o exemplo anterior utilizando o Bm7 na sequência. Primeiro, toque as aproximações cromáticas em um semitom acima.

Exemplo 4c:

Agora tente a mesma progressão abordando a nota cromática em um semitom abaixo do acorde.

Exemplo 4d

Finalmente, toque a progressão completa I VI II V / III VI II V e combine as aproximações cromáticas em um semitom acima e um abaixo. Aqui está uma forma de combiná-las, mas você deve ser capaz de encontrar outras!

Exemplo 4e:

Como com certeza você pode perceber, o baixo e as partes dos acordes estão começando a soar como dois instrumentos diferentes. Isso é perfeito e é exatamente o que estamos procurando.

O próximo passo é tentar acentuar a diferença, tocando ambas as partes em volumes diferentes. Queremos que a linha do baixo seja sonora e orgulhosa e que o acordes acentuados sejam mais fracos e menos aparentes.

No próximo exemplo todos os acordes serão tocados em um semitom acima, e, realmente, exagerei a diferença de volume entre a linha do baixo e os acordes. Está um pouco exagerado e eu nunca tocaria desta forma em um show, mas isso é feito intencionalmente para fazer você pensar sobre os seus níveis de volume. Separar as *vozes* desta forma é uma técnica avançada e é necessário muita prática para fazê-la soar natural, portanto, para começar, exagerar a dinâmica ajudará a construir a independência entre o seu polegar e o restante dos dedos.

Exemplo 4f:

Trabalhar nos "controles de volume" entre o seu polegar e os outros dedos é um grande desafio para muitos estudantes no início, mas se torna mais fácil com o tempo. Uma pequena dica que gosto de ensinar é fazer com que os meus alunos toquem a linha do baixo uma vez bem alto *sem* os acordes e na repetição adicionem os acordes de volta tão silenciosamente quanto possível. Para isso é necessário muita prática, mas essa dinâmica adicional adiciona grande profundidade à musicalidade da parte da guitarra. Tente essa dica na sequência I VI II V.

Exemplo 4g:

Reitero que essa é uma técnica avançada, portanto sempre volte aos dois exercícios anteriores e pratique-os frequentemente.

Até agora, todos os acordes acentuados foram tocados em *staccato* (curtos e destacados). No entanto, é possível permitir ocasionalmente que o acorde soe mais, como um contraste às acentuações, ao manter os dedos nas cordas mais altas, enquanto você toca a nota da linha do baixo.

Essa é uma daquelas coisas que é mais fácil de escutar do que de explicar, portanto ouça cuidadosamente o áudio antes de praticar o Exemplo 4h. Na progressão I VI II V, toque os acordes I e II staccato, deixando os acordes VI e V soarem por uma batida. O truque é manter os dedos tocando o acorde por quanto tempo for possível, enquanto o dedo sobrando toca a linha do baixo. É importante manter a linha do baixo simples no começo, logo sempre aborde o acorde alvo a partir um semitom acima.

Exemplo 4h:

Esses tipos de variações mantêm a textura do ritmo das partes da guitarra interessante e quebram a monotonia.

Outra forma de adicionar interesse é mudar a posição do acordes acentuados na batida. Até agora, tocamos cada acorde no "e" das batidas um e três, mas com um pouco de prática podemos movê-los para as divisões em semicolcheia na batida.

Para desenvolver o senso rítmico, esqueça toda a sequência de acordes por um momento e apenas mantenha pressionado o G7. Toque a nota grave com o seu polegar e, logo depois, toque rapidamente o resto do acorde imediatamente. Deixe que as notas do acorde soem por duas batidas e repita esta sequência quatro vezes.

Exemplo 4i:

Quando você estiver confiante com esse ritmo, aplique-o aos quatro acordes na sequência I VI II V.

Exemplo 4j:

Agora adicione a semínima de volta no walking bass. Notei a abordagem do baixo em um semitom acima, mas quando você estiver preparado, você pode começar a improvisar as suas próprias linhas de baixo.

Exemplo 4k:

Finalmente, esta semicolcheia pontuada pode ser tocada em qualquer lugar no compasso e funciona lindamente em qualquer uma das notas graves cromáticas harmonizadas. No exemplo a seguir, toco todos os acordes com os acordes normais sincopados em colcheia, mas nas notas graves cromáticas *precedendo* o A7 e o G7, uso o ritmo em semicolcheia para harmonizar aquelas notas abordadas.

Exemplo 4l:

Tente fazer o mesmo com a semicolcheia pontuada antes do acorde Em7.

Exemplo 4m:

Agora, acabamos de desenvolver três acordes rítmicos que podemos utilizar quando formos tocar o walking bass.

a) Na primeira vez, toque direto, com acordes não-sincopados em cada batida do compasso.

b) Podemos tocar as notas graves em semínima com um acorde sincopado em colcheia nos contratempos.

c) Podemos tocar também em semicolcheia pontuada que te ensinei nos exemplos anteriores.

Há também uma "opção secreta em D", no entanto ela é feita para ser tocada na linha do baixo, em semínima, sem qualquer acorde. Essa opção oferece um pulso constante para o cantor / solista trabalhar, enquanto dilui a textura da música, se isso for exigido.

A abordagem mais comum é a opção b, mas ao combinar as quatro técnicas é fácil criar uma interessante parte com *groove* que só adiciona à música e não fica monótona. Quando você combina essas abordagens com os diferentes alcances da guitarra (tocando no início ou no final do braço) e adiciona algumas substituições, (como tocar o Bm7 em vez do G7), aparecem centenas de opções criativas para você explorar, enquanto improvisa uma linha de walking bass.

O exemplo a seguir te dá 16 compassos meus, que toco na sequência I VI II V, colocando juntas todas as ideias harmônicas, rítmicas e de substituição que aprendemos até agora. Adicionei um par de novos compassos, portanto fique de ouvidos abertos! Aprenda este exemplo nota por nota e use-o como base para o seu aprendizado.

Exemplo 4n:

Quando você estiver ficando confiante com o Exemplo 4n, deixe o metrônomo e concentre-se realmente no seu ritmo. Coloque o metrônomo para clicar em 80 bpm e foque em tocar todas as notas graves nos cliques. Quando isso estiver sólido, adicione um pouco de "estalo" nos acordes ao tocar um pouco mais forte com os dedos.

Uma técnica útil do metrônomo é colocar a velocidade do clique na metade e "ouvi-lo" conforme ele pulsa em 2 e 4. Você deve completar as batidas 1 e 3 você mesmo. Configure o metrônomo em 40 bpm e toque na mesma velocidade que você tocou quando ele estava em 80 bpm. Você deve ouvir cada nota grave cromática cair nos cliques e as tônicas caírem nos espaços vazios. Ouça cuidadosamente o Exemplo 4o e toque junto para desenvolver o ritmo.

Exemplo 4o:

Há muito o que estudar neste capítulo, mas já aprendemos os principais componentes de uma efetiva linha de walking bass na guitarra. A chave aqui é que você pratique essas ideias tanto quanto possível. O seu grave deve ser sonoro e confiante, e os seus acordes devem ser mais fracos e concisos. Pratique até que você chegue ao ponto de ter controle total sobre os ritmos, acordes, síncopes e o volume que você toca.

É normal planejar o que você tocará no começo, visto que isso te ajudará a desenvolver disciplina e controle, mas, em breve, todas as técnicas se combinarão naturalmente e você começará a tocar o que você ouve.

Continue ouvindo os baixistas tocarem também, porque isso te ajudará a desenvolver o seu senso de ritmo.

No próximo capítulo, veremos como podemos variar a dinâmica da parte da guitarra utilizando uma palheta.

Capítulo Cinco - Imitando a Bateria com uma Palheta

Neste capítulo te ensinarei algo que adicionará um novo ritmo e dimensão às suas partes em walking bass.

Mesmo com todas variações em walking bass que vimos nos capítulos anteriores, você pode notar que, às vezes, a música precisa de uma nova cor.

Uma das coisas que mais gosto é imitar o baterista ao usar a minha palheta em vez dos meus dedos para criar um maior efeito percussivo nas cordas. Ao segurar a palheta em um modo específico e tocar em um ritmo relaxado e descontraído é possível recriar o efeito das batidas do baterista na caixa, enquanto toco a linha de walking bass.

Quando você tiver aprendido essa técnica, soará como se você estivesse tocando guitarra, baixo e bateria ao mesmo tempo! Como você pode imaginar, essa é uma técnica importante para um acompanhador e te transformará em um guitarrista rítmico extremamente versátil.

O truque para imitar o "zunido" das batidas do baterista é *inclinar* a palheta conforme ela cruza as cordas. Gosto de inclinar a palheta de tal forma que a borda da frente fique apontada para o meu ombro esquerdo. Nesta posição, em vez da borda reta da palheta tocar as cordas, a borda curva é a parte que faz o contato. Outros guitarristas viram a palheta que tal forma que a borda da frente fica apontada para os joelhos, portanto utilize a palheta da forma que você se sentir mais confortável.

Vamos começar por aprender o padrão da palhetada e ritmo que você usará para imitar as batidas do baterista. Com a palheta inclinada como descrito acima, toque duas vezes pra baixo em semínimas seguida de uma rápida, leve e gentil palhetada pra cima no segundo contratempo.

Comece digitando o acorde Bm7, mas não pressione as cordas até os trastes. Quando você palhetar, seja cuidadoso para não tocar as cordas soltas e você criará um efeito percussivo abafado. A técnica rítmica é uma das razões pelas quais eu prefiro utilizar esses pequenos fragmentos de acordes e evitar os acordes com pestana. Digitar os acordes, desta forma, realmente ajuda a prevenir que cordas indesejadas sejam soadas e me dão um grande controle sobre a minha dinâmica. Não esqueça que tocamos apenas nas últimas quatro cordas!

Toque o acorde Bm7 e ouça o som áspero na palhetada pra cima. Você não quer que nenhuma das cordas abafadas soem individualmente. Em vez disso, procure um efeito de batida, de tal forma que as cordas se tornem uma só, conforme a borda da palheta desliza-se sobre elas. Toque suavemente até que você possa ouvir aquele zunido e tente igualar o meu ritmo no áudio.

Exemplo 5a:

Agora tente este ritmo no acorde Bm7 devidamente pressionado. Os acordes em cada compasso devem ser fortes, mas solte a pressão a cada palhetada para torná-los staccato. Além disso, solte a pressão na palhetada pra cima para tocar o som áspero abafado. Toque suavemente!

Exemplo 5b:

Quando você puder igualar o ritmo no áudio, aplique o ritmo na progressão III VI II V.

Exemplo 5c:

Agora vamos adicionar o walking bass de volta, junto com os acordes harmonizadas nas notas de aproximação cromática. Mantenhas as palhetadas pra cima nos contratempos.

Exemplo 5d:

Quando você tiver dominado o exemplo acima, toque o ritmo durante toda a sentença como mostrado abaixo.

Exemplo 5e:

À medida que você ganhar confiança, comece a inserir as substituições que vimos nos capítulos anteriores. Os quatro exemplos a seguir aplicam o ritmo da batida a outras ideias que já estudamos.

Exemplo 5f:

Exemplo 5g:

Exemplo 5h:

Exemplo 5i:

Agora toque alguns desses exemplos juntos em uma única parte maior.

Exemplo 5j:

Finalmente, antes de continuarmos, transponha a sentença de acorde para a tonalidade de F Maior, para que você possa se testar. Te mostrei isso na forma básica aqui, mas você deve aplicar todas as substituições estudadas na tonalidade de G Maior.

Exemplo 5k:

Este foi um capítulo curto, mas muito importante. É essencial dominar o ritmo da batida, visto que isso adiciona um distinto elemento rítmico à sua forma de tocar que outros instrumentos não podem copiar. Quando você tiver praticado esse ritmo, você soará como um guitarrista, baterista e baixista, tudo ao mesmo tempo!

No próximo capítulo, veremos como adicionar interesse rítmico à linha do baixo.

Capítulo Seis - Variações do Walking Bass

Estudamos, até agora, muitos dos elementos de uma linha de walking bass na guitarra e, neste capítulo, veremos algumas ideias que te ajudarão a ficar mais criativo com o seu ritmo e textura. Exploraremos como tocar o walking bass em um ritmo "duplo", como tocar até o fim do braço, como adicionar um pouco de melodia e como tocar o mínimo de acordes e ao mesmo tempo em que estabelecemos a harmonia da música.

Algumas dessas ideias são menos tangíveis do que outras e serão mais desenvolvidas com a prática. Elas frequentemente são sobre ritmo, o que é algo que eu não posso ensinar neste livro. O segredo para desenvolver um senso rítmico é ouvir os seus músicos favoritos (especialmente os baixistas, neste caso) e tocar com outras pessoas tanto quanto for possível.

Começaremos com um dos mais tangíveis elementos da textura: tocar em compasso binário.

Até agora, temos feito o walking bass com quatro notas graves em cada compasso, mas agora variaremos isso e usaremos um ritmo diferente para acentuar as tônicas nas batidas 1 e 3.

O truque é atrasar a nota de aproximação cromática *até o momento* de se chegar na nota alvo. O ouvinte começa a ouvir a linha do baixo fraseada em compasso binário e é como se tivéssemos criado um ritmo de meio-tempo. Esse é um belo efeito e tudo o que precisamos fazer para alcançá-lo é atrasar a nota de aproximação cromática.

Ouça o áudio antes de tocar o Exemplo 6a e você entenderá a ideia imediatamente. Comece com as notas de aproximação cromática em um semitom acima de cada acorde e toque apenas a linha do baixo por enquanto. Adicionaremos os acordes mais adiante.

Exemplo 6a:

Agora, aplique o mesmo ritmo na sequência III VI II V e use uma aproximação cromática, em um semitom abaixo.

Exemplo 6b:

Vamos juntar essas duas sentenças e harmonizar cada nota grave, incluindo as de aproximação cromática.

Exemplo 6c:

Desta vez, não harmonize a nota abordada e faça uma síncope no acorde para que ele caia no contratempo. Isso cria um belo ritmo, além de ser marcante no estilo.

Exemplo 6d:

Agora que você já está habituado, é hora de combinar tudo isso com o compasso quaternário da linha de walking bass. Por enquanto, esqueça os acordes e pratique a mudança do compasso binário para o quaternário. Há infinitas maneiras de fazer isso, aqui estão alguns exemplos que podem te incentivar.

Exemplo 6e:

O exemplo anterior te deu um lugar previsível para se mover do compasso binário para o quaternário, mas eu gostaria de fazer isso no meio da sequência também. Aqui vai uma ideia que faz a transição para o compasso quaternário no acorde Am7.

Exemplo 6f:

Quando você estiver confiante com este ritmo, adicione os acordes sincopados de volta. Há outra forma de transitar do compasso binário para o quaternário, com os acordes tocados nas batidas fracas.

Exemplo 6g:

Obviamente, há ilimitadas formas de combinar os acordes na batida e os acordes fora da batida, tocando no compasso quaternário, tocando no compasso binário e tocando as linhas de baixo desacompanhadas. A decisão de exercitar a criatividade e de testar tantas combinações quanto forem possíveis é toda sua. A ideia a seguir te dará um incentivo. É uma frase de oito compassos que mistura todas as abordagens listadas acima. Use-a como a base para o seu aprendizado e veja quantas ideias você pode criar a partir dela. Configure o metrônomo e foque no seu *groove*.

Exemplo 6h:

Linhas de Baixo de Extensão Aguda

Às vezes, é legal explorar o enferrujado traste no final do braço, portanto veremos algumas ideias que funcionam nas casas acima da 12ª. Logicamente, essas ideias podem ser difíceis de tocar dependendo do tipo que guitarra que você possui, mas elas são realizáveis na maioria das guitarras de jazz.

Um alerta, no entanto: não use essas ideias o tempo todo. Você precisa escolher o seu momento, pois a "linha de baixo" aguda pode interferir com o que o cantor ou solista está fazendo.

As seguintes ideias são todas baseadas na mesma progressão de acorde I VI II V / III VI II V, mas são tocadas no final do braço. Elas não precisam de muita explicação por enquanto, tendo-se em vista que os mesmos conceitos foram discutidos em capítulos anteriores, portanto apenas estude-os e explore cada abordagem para torná-la única.

A primeira ideia começa na 10ª casa e desce gradualmente no braço.

Exemplo 6i:

A próxima ideia começa na nota B (acorde III) na 14ª casa e desce até a nota G na 12ª casa.

Exemplo 6j:

A mudança de caminho começa na 15ª casa e objetiva a nota E na 19ª casa. Pode ser mais fácil tocá-la como uma linha de baixo para começar e, em seguida, adicionar os acordes.

Exemplo 6k:

Tônica e Décimas

Para uma mudança de textura é possível evitar de tocar os acordes inteiros e tocar, em vez disso, a tônica e a décima (terça) de um acorde. Para um guia completo desta técnica, veja o meu livro *Chord Melody Em Detalhes* onde abordo profundamente a construção de melodias com essas formas. Por enquanto, faremos uma visão geral.

Em vez de nos aprofundarmos na teoria, acredito que seja melhor que eu te mostre alguns exemplos práticos onde adiciono algumas melodias na segunda corda.

A primeira ideia começa no acorde Bm7 e conforme a nota grave move-se para a nota F (cromaticamente acima da nota E), adiciono uma nota G melódica na 8ª casa na segunda corda. A melodia sobe um semitom até a nota G# à medida que a nota grave desce para a nota E. As duas notas juntas formam o acorde E7. Em seguida, repito o processo, depois de abordar o A7 no segundo compasso, em uma nota cromática em um semitom acima.

Preste atenção neste exemplo porque essa é uma característica muito comum do meu estilo e, apesar de a digitação ser um pouco desconfortável, esse movimento contrário é cativante para a audiência.

Exemplo 6l:

O exemplo a seguir é mais fácil e é tocado novamente começando com o acorde Bm, desta vez, no final do braço. Observe como apenas toco duas notas em cada acorde. Esta pequena mudança ajuda a acentuar a melodia e dá mais espaço à parte da harmonia.

Exemplo 6m:

Este exemplo final em décimas cobre os acordes GMaj7, Em7, Am7 e D7, com os primeiros três acordes abordados em um semitom abaixo e todos tocados com a tônica na quinta corda. O D7 é abordado em um semitom acima e é tocado na sexta corda. Como você pode perceber, não precisamos tocar ideias complexas para dar aos acordes espaço para brilhar e criar interesse adicional.

Exemplo 6n:

Esta abordagem da tônica e da décima é uma grande parte do meu estilo de tocar melodia, portanto te encorajo a conferir o meu livro *Chord Melody Em Detalhes* que a explica em detalhe. Não obstante, no contexto da linha de walking bass, esses voicings são outra maneira de quebrar a monotonia da parte da guitarra.

Antes de avançarmos, tente a seguinte sugestão.

Planeje a sua parte em walking bass para cobrir 32 ou até mesmo 64 compassos. Use algumas tablaturas e escreva as tônicas que você usará e fixe-as, como posições "geográficas", na guitarra. Em seguida, acima de cada frase de quatro ou oito compassos, escreva qual textura ou ritmo você usará. Veja se você consegue construir uma parte, partindo de uma linha de baixo desacompanhada, até uma parte de baixo bem completa e melódica e, então, retorne ao início.

As texturas e os ritmos que aprendemos até o momento são:

- Walking bass sozinho

- Cada nota grave harmonizada na batida

- Focar apenas nos acordes harmonizados na batida com uma linha de walking bass

- Cada nota grave com um acorde sincopado

- Focar apenas nos acordes harmonizados com acordes sincopados e uma linha de walking bass

- Harmonização apenas com tônicas e décimas

- Tocar em compasso quaternário

- Tocar em compasso binário

- Tocar com uma palheta para imitar as batidas na bateria

- Grave Forte / Acordes Fracos

- Grave Fraco / Acordes Fortes

Muitos dos itens na lista acima podem ser combinados, portanto você nunca ficará sem ideias. Pegue uma folha em branco e componha a sua parte em walking bass, aprenda-a, então componha outra. Gradualmente, todas as ideias se internalizarão e você será capaz de improvisar essas partes inconscientemente.

Adicionaremos mais algumas ideias nessa mistura no próximo capítulo, assim sendo se certifique de ter aprendido bem essas partes antes de avançar.

Capítulo Sete - Saltos Melódicos no Jazz

Neste capítulo, te ensinarei duas belas variações rítmicas que uso quando toco o walking bass: os saltos melódicos do baixo de jazz e o os movimentos de dedilhado com o polegar.

Os *saltos melódicos do baixo de jazz* são uma ideia rítmica que *sempre* me perguntam quando ensino linhas de walking bass. Eles são uma ideia rítmica específica de tercina que os baixistas frequentemente adicionam às suas linhas para criar *groove* e interesse. Eles soam *fantásticos* e, apesar da maioria das pessoas pensar que eles são um segredo da indústria, o salto melódico é, na verdade, muito simples.

O salto melódico é uma *inflexão* da tercina que você pode utilizar para quebrar a regularidade da semínima na linha do baixo. Muitas pessoas pensam que estou fazendo algo muito inteligente com a minha escolha de notas, mas, como você verá, isso é tudo uma inteligente ilusão! Apesar de a técnica não ser complicada, como tudo na música, ela baseia-se na sensação rítmica. Você *deve* ouvir os baixistas de jazz e mergulhar na música para capturar o *groove* até os ossos.

Para performar um salto melódico do baixo de jazz, simplesmente adiciono uma tercina *abafada* nas notas do acorde. Em outras palavras, pressiono a nota grave com o meu polegar normalmente, então diminuo a pressão dos meus dedos nas cordas do meio, para abafar as notas e tocá-las com o indicador e o anelar da mão que toca.

Como acontece com qualquer técnica que estudarmos, isole o movimento antes de reintroduzi-lo na virada da progressão do acorde.

Comece pressionando o acorde Bm7. Pressione a tônica normalmente e deixe que os outros dedos apenas encostem na terceira e quarta cordas, para que as abafe. Como este acorde é tocado na 7ª casa, você pode perceber que, acidentalmente, você cria um par de notas harmônicas, quando você estiver tentando abafar as cordas. Se isso acontecer você precisará pressioná-las um pouco mais forte.

Toque uma tercina com os dedos: polegar, indicador e médio, como mostrado abaixo. Repita a tercina quatro vezes para completar um compasso. Ouça cuidadosamente - a nota grave deve soar normalmente e as cordas do meio devem ser abafadas. Ajuste sua mão se você começar a ouvir os harmônicos. Repita-a até que você consiga executá-la.

Exemplo 7a:

Quando você tiver aprendido o exemplo anterior, aprenda como transitar para o acorde E7 através de um F7 cromático. Por enquanto, o acorde F7 e E7 soam por uma batida inteira. Repita o exemplo seguinte até que você se sinta confortável.

Exemplo 7b:

Depois, toque a mesma coisa, mas adicione o salto melódico ao acorde E7 e continue a tocar o Bb7 logo após.

Exemplo 7c:

Agora você está pronto para executar aquele padrão durante toda a sequência da virada. Toque um salto melódico de tercina abafado em cada um dos acordes alvo e toque os acordes com as semínimas sustentadas.

Exemplo 7d:

Os exemplos prévios te ajudarão a dominar o ritmo do salto melódico em tercina. Obviamente, estamos tocando-a demasiadamente no momento, para, de fato, internalizar essa técnica. Em breve, faremos essas ideias soar muitos mais interessantes, mas, primeiro, vamos tentar colocar o salto melódico em alguns lugares diferentes.

Antes de tudo, quero, no entanto, te mostrar uma técnica de tocar que uso quando a música está muito rápida para executar o "polegar e corda do meio abafada" nos saltos melódicos abafados que usamos nos quatro exemplos anteriores. Frequentemente toco a tercina como "polegar, cordas do meio e polegar". A primeira nota grave da tercina é tocada normalmente, em seguida as cordas do meio e a última nota grave (do polegar) são abafadas. Usaremos esta técnica nos próximos exemplos e você achará mais fácil tocá-la em velocidade.

No exemplo anterior, tocamos o salto melódico nos acordes alvo. Agora, coloque-o nos acordes de aproximação cromática. Novamente, use os acordes totalmente pressionados (sem síncope), mas, desta vez, comece do G7.

Exemplo 7e:

Quando você tiver aprendido o exemplo acima, repita a ideia anterior e reintroduza a síncope, para que todos os acordes alvo sejam tocados nos contratempos.

Exemplo 7f:

Finalmente, vamos inverter isso, para que os saltos melódicos sejam tocados nos acordes alvo e os acordes abordados sejam sincopados. Toque a sequência a partir do Bm7 e note que esta ideia pode parecer um pouco mais desconfortável tecnicamente. Certifique-se de que cada nota grave esteja consistente e tenha um volume igual - é muito fácil abafar, acidentalmente, muitas notas.

Exemplo 7g:

Você não tocará, necessariamente, as ideias do Exemplo 7g frequentemente, mas esse é um movimento dos dedos que é feito para te ajudar a focar na clareza da linha do baixo. Pratique lentamente e preste atenção.

Também é possível tocar dois saltos melódicos em sequência. No exemplo a seguir, adicionei os saltos melódicos aos acordes Am7 e Eb7 antes de chegar no acorde D7. Pratique o exercício, com e sem os acordes sincopados nos contratempos.

Exemplo 7h:

Agora, você está começando a entender a ideia. Os saltos melódicos podem ser adicionados em qualquer ponto da sequência para quebrar a monotonia rítmica da linha do baixo e chamar a atenção do público. Eles também ajudam a injetar energia na parte do ritmo e ajudarão a inspirar o solista.

E como acontece com a maioria das coisas, menos é mais, portanto não exagere nessas ideias. Elas serão muito mais efetivas se o ouvinte não as estiver esperando.

As três ideias a seguir adicionam saltos melódicos a diferentes texturas de acordes para te mostrar diferentes formas de introduzi-los. O primeiro é introduzido enquanto uma linha de baixo desacompanhada estiver sendo tocada.

Exemplo 7i:

Aqui está uma ideia que é 90% linha de baixo. Toco um salto melódico tardio na sequência no Am7 e o sigo com um único acorde sincopado no D7.

Este exemplo também te ensina um último padrão de tocar que utilizo para tocar o salto melódico em tercina abafado. Desta vez toco a primeira nota da tercina com o polegar, então toco a segunda nota na 3ª corda abafada e a nota final na 4ª corda abafada. Esta técnica é muito similar à técnica que um violonista clássico utilizaria e, quando combinada com as outras duas abordagens que te ensinei, te dá uma forma diferente para tocar as linhas de walking bass, que criam uma grande quantidade de sutis nuances.

Exemplo 7j:

Finalmente, aqui está uma ideia que começa com acordes não-sincopados, até que adiciono um salto melódico no Bb7. Depois disso, toco acordes sincopados, exceto para a linha do baixo isolada na nota Eb. O salto melódico ajuda a adicionar um pouco de energia e encoraja a transição da semínima para os acordes sincopados.

Exemplo 7k:

A chave para dominar todas as técnicas é simplesmente tocá-las por horas. Você precisa internalizá-las e desenvolver um senso rítmico para saber onde elas devem ser tocadas. Ouvir os grandes músicos é a coisa mais importante que você pode fazer, por conseguinte recomendo que você confira os músicos recomendados no fim deste livro. Essas ideias soam simples quando você as toca de uma vez, mas tornam-se vivas quando você adiciona um profundo *swing* de jazz.

Aqui está um exemplo de 16 compassos das ideias que toco com um forte *swing*. Tente copiar o meu ritmo, tanto quanto for possível.

Exemplo 7l:

Na próxima seção, veremos uma técnica que parece ser única do meu estilo e é uma forma efetiva de adicionar mais percussividade rítmica e melodia às linhas de walking bass.

Capítulo Oito - Movimentos com o Polegar

Se você já tocou em dedilhado ou violão clássico, provavelmente já te disseram que você não deveria nunca tocar pra cima com o polegar. Bem, agora vou te ensinar como quebrar essa regra! Faço esses dedilhados com o polegar há anos e eles se tornaram parte integral do meu som.

Tudo isso envolve um pouco de movimentos pra cima, do polegar, em uma corda abafada para criar um efeito percussivo, um pouco antes de tocar em uma nota propriamente pressionada. Ajuda muito se você tiver um pouco de unha no polegar, porque isso te ajudará a tocar nas cordas um pouco mais e criar um som de "estalo".

Para aprender esta técnica, ouça o Exemplo 8a antes de tocá-lo. Toque a nota G na 10ª casa e a F na 8ª casa normalmente, mas, antes de tocar a nota E, relaxe os dedos da mão que está pressionando as cordas para abafar a 8ª casa, e mova a unha do polegar para cima na 5ª corda.

Isso funciona melhor se os dedos que tocam estão apontados ligeiramente para dentro da guitarra, como o de um violonista clássico. Se você tem um pulso reto, como um guitarrista de rock você pode sentir um pouco de dificuldade.

Exemplo 8a:

Agora adicione o movimento depois de todas as três notas.

Exemplo 8b:

Expanda este exercício e toque com o movimento do polegar antes de cada nota grave na sequência. Não adicione acordes ainda, fique no solo da linha do baixo.

Exemplo 8c:

Antes de avançar, tente o exercício novamente, mas, desta vez, apenas execute o movimento após um tom do acorde alvo, isto é, depois da notas: G, E, A e D.

Exemplo 8d:

Você perceberá que se você precisar mudar da quinta para a sexta corda após executar o movimento, isso pode se tornar um desafio. A resposta é deixar o seu polegar distante o suficiente para que ele de fato atravesse a sexta corda e te deixe na posição para tocar a nota grave pra baixo. É de grande ajuda manter o polegar bem relaxado também.

Para ajudar a relaxar o polegar, coloque a ponta dos dedos da mão que toca nas cordas mais altas e veja o quão rápido você consegue "coçar" a sexta corda com a unha do polegar. Quanto mais você relaxar o polegar, mais rápido e alto você conseguirá tocar.

Agora que você já aprendeu o movimento, vamos colocar os acordes de volta no lugar. No exemplo seguinte toco acordes diretos (sem síncope) nas notas: G, E, A e D, mas observe que não harmonizo cada nota abordada e as sigo com um movimento do polegar, antes de chegar no acorde alvo.

Exemplo 8e:

O Exemplo 8f é muito similar, mas, agora, faço a síncope de alguns acordes enquanto mantenho os movimentos do polegar nas notas graves desacompanhadas.

Exemplo 8f:

Com os saltos melódicos de jazz é fácil começar a utilizar os movimentos do polegar demasiadamente no início, mas como é algo um pouco difícil de introduzir, tocar um pouco mais é certamente algo muito bom quando você está começando. Como você já descobriu, há muitos caminhos alternativos para as mudanças de acorde e muitas texturas diferentes que você pode usar, logo pense em todos os diferentes ritmos que abordamos e volte aos exemplos anteriores para aplicar o movimento ocasional do polegar, onde você considere que seja apropriado.

Da mesma forma que executamos um salto melódico em tercina com os dedos no capítulo anterior, podemos também tocá-lo usando o polegar. Parece um pouco desajeitado no início e, além disso, é importante fazer a "direção do dedilhado" corretamente. Depois de uma análise cuidadosa, descobri que quase sempre toco a tercina com a sequência " pra baixo pra cima pra baixo" e toco outra pra baixo para cair na batida da nota grave seguinte.

Isso é mais fácil de mostrar em um exemplo notado, desta forma, preste atenção às direções do dedilhado abaixo e ouça atentamento o ritmo no áudio.

Exemplo 8g:

É importante que você sempre toque a nota, na batida, pra baixo e, mesmo que a sugestão acima não funcione pra você, certifique-se de que você está executando um toque pra baixo quando você sair da tercina.

Tente adicionar o salto melódico em tercina com o polegar nas notas E e D na progressão I VI II V. Preste atenção à sua forma de tocar.

Exemplo 8h:

Uma ideia avançada que você pode gostar de tentar é combinar o movimento do polegar com o salto melódico em tercina. Aqui estão três formas diferentes que você pode utilizar para começar.

Exemplo 8i:

Exemplo 8j:

Exemplo 8k:

Há diferentes formas de implementar essas ideias rítmicas, portanto é importante ser criativo. Gosto de ser bem lógico quando estou tocando, logo me mantenho próximo de onde coloco os saltos melódicos em tercina e os movimentos. Por exemplo, posso tocar primeiramente um salto melódico no acorde I e trabalhar nele por 5 minutos. Depois, coloco o salto melódico nos acordes I e VI e trabalho neles. Em seguida, coloco um salto melódico apenas no acorde VI, antes de adicionar um movimento, antes do acorde I.

Você sabe o que quero dizer!

Você não precisa trabalhar em cada permutação, caso contrário você gastaria a vida inteira nisso, mas o que você descobrirá é que depois de algumas horas focado na prática, você simplesmente será capaz de tocar o que ouve. Esse é o objetivo de todos os músicos, mas isso requer muita prática!

No capítulo seguinte, veremos alguns padrões de linhas de baixo que podemos utilizar para adicionar uma diferente dinâmica e ritmo à música.

Capítulo Nove - Linhas de Baixo Adornadas

Até agora, abordamos cada nota alvo por tom, nas semínimas, seja em um semitom acima ou abaixo.

Neste capítulo, te mostrarei alguns padrões que você pode utilizar para quebrar o ritmo da semínima e abordar de diferentes formas a nota grave alvo. Essas ideias são chamadas de *padrões de nota de aproximação cromática* e são comumente utilizadas por músicos de jazz para adornar os arpejos quando ele solam.

Já estudamos os dois padrões de nota mais comuns em aproximação cromática - o de um semitom acima e o de um semitom abaixo - mas há muitas outras formas de abordar a tônica. Esses padrões normalmente contêm mais do que uma nota, logo, muitas vezes, eles serão tocados, em semicolcheias, "espremidos" no espaço disponível antes da nota alvo. Para executar essas frases rapidamente, costumo usar o movimento do polegar.

O primeiro padrão de nota de aproximação cromática que aprenderemos começa em um tom acima da nota alvo e desce até os semitons.

Exemplo 9a:

Similarmente, você pode subir usando mesmo padrão e ritmo.

Exemplo 9b:

E, obviamente, você pode combinar ambas as direções.

Exemplo 9c:

Tente adicionar um acorde harmonizado à nota que imediatamente precede o acorde alvo. Dedique um tempo para escolher quais notas você harmonizará. Você pode harmonizá-las todas ou nenhuma delas! Aqui está um exemplo com a abordagem ascendente das notas.

Exemplo 9d:

Aqui está um diferente padrão de nota de aproximação cromática que começa num tom acima do alvo e, em seguida, movimenta-se em um semitom abaixo, antes de se estabelecer na tônica. Toque-o primeiramente sem os acordes:

Exemplo 9e:

Agora adicione os acordes nas notas alvo.

Exemplo 9f:

Vamos inverter o padrão para tocar em um semitom abaixo da nota alvo, antes de tocá-la em um tom acima. Aprenda isso como um solo da linha de baixo, primeiramente.

Exemplo 9g:

Novamente, introduza os acordes de volta na sequência.

Exemplo 9h:

O próximo "nível" é tocar as notas de aproximação cromática em colcheias constantes e há alguns padrões importantes que você deve conhecer.

O primeiro é "tom acima, semitom acima e semitom abaixo". Este é mais fácil de ver e ouvir na notação do que de descrever, assim sendo, ouça atentamente o áudio e depois toque junto. Como sempre, aprenda a linha do baixo antes de adicionar os acordes.

Exemplo 9i:

Agora adicione os acordes nos lugares apropriados.

Exemplo 9j:

O último padrão importante de conhecer é o "semitom abaixo, tom acima e semitom abaixo". Aprenda o solo da linha do baixo antes de adicionar os acordes.

Exemplo 9k:

Exemplo 9l:

Como você provavelmente pode ouvir, essas linhas de baixo ficam muito "ocupadas", portanto é importante não usá-las o tempo todo. Para fazê-las funcionar de verdade, basta adicioná-las sutilmente a uma linha de walking bass que está progredindo naturalmente nas semínimas.

No três exemplos seguintes toco as linhas de walking bass padrão, utilizando tanto os acordes sincopados como os não-sincopados e, ocasionalmente, adiciono um padrão de nota de aproximação cromática. Observe que se eu tocar um acorde sincopado, não sobra mais tempo para usar uma ideia em colcheia.

Exemplo 9m:

Exemplo 9n:

Exemplo 9o:

Dedique um tempo para desenvolver a sua criatividade com essas linhas de baixo e pense cuidadosamente nas opções disponíveis. Você pode tocar acordes sincopados ou no contratempo, adicionar saltos melódicos e movimentos ou qualquer outra técnica que abordamos neste livro. Pense se você harmonizará apenas os acordes alvo ou se você harmonizará as notas abordadas também.

Enquanto os padrões mais rápidos de nota de aproximação cromática sejam usados como um efeito, quando tocamos dois acordes em um compasso, eles são uma grande base para formar linhas de walking bass quando tocamos acordes por durações mais longas.

No próximo capítulo te ensinarei algumas abordagens novas para utilizarmos quando tocarmos o walking bass em um acorde dura um compasso inteiro.

Capítulo Dez - Executando o Walking Bass no Compasso

Abordamos muitos tópicos nos nove capítulos anteriores, desde o básico de mudanças de ritmo até algumas ideias rítmicas excitantes e ideias cromáticas. Até o momento, tudo foi baseado em tocar quando há dois acordes no compasso. Bem, e o que acontece se houver apenas um acorde no compasso e nós precisarmos executar o walking bass por 4 batidas?

Neste capítulo, te mostrarei como expandir as nossas ideias para cobrir qualquer acorde que dure quatro batidas e te mostrarei diferentes formas de executar o walking bass entre algumas das mais importantes sequências de acordes no Jazz.

Vamos começar indo do acorde I para o acorde IV – a primeira mudança de acorde no blues. Na tonalidade de G, do G7 para o C7.

A boa notícia é que tudo que aprendemos até agora funciona, conforme nos movemos entre esses acordes, e a maneira mais fácil de começar é adicionando uma ideia cromática de "desviar" para o G7, então abordar o C7 utilizando uma nota de aproximação cromática em um semitom acima ou abaixo. Você pode tocar uma ideia similar quando estiver indo do C7 de volta para o G7.

Essa ideia é muito mais fácil de entender quando você a executa.

Exemplo 10a:

Quando você estiver confiante com esta ideia, harmonize tanto os acordes alvo como notas de aproximação que imediatamente as precedem. Use a mesma qualidade de acorde tanto para o acorde de aproximação como para o acorde alvo. Nos primeiros dois compassos toco acordes não-sincopados, mas, no segundo, uso acordes no contratempo.

Exemplo 10b:

Esse tipo de movimento é a base para tocar linhas longas em walking bass, mas há, obviamente, inúmeras formas de executar o walking entre esses dois acordes. A chave para encontrar essas linhas é ouvir os grandes baixistas e copiar as suas formas de execução, mas, para te ajudar, vou te mostrar alguns dos meus movimentos favoritos.

Observe quais notas graves ficam harmonizadas e quais notas graves não. Essas não são, de modo algum, regras fixas, mas elas devem te dar uma boa visão do meu estilo e das considerações estilísticas do gênero em geral. Joe Pass foi um mestre dessas ideias e as pessoas frequentemente pensam que ele está tocando acordes extremamente complexos enquanto executa o walking bass. No entanto, frequentemente, ele está usando os mesmos voicings de três notas como eu. Ouça atentamente o seu estilo de tocar e o assista no YouTube. É certamente muito instrutivo.

Aqui estão mais algumas formas de ir do G7 para o C7 e vice-versa. Memorize-as e crie as suas próprias variações.

Exemplo 10c:

Exemplo 10d:

Exemplo 10e:

A próxima linha é uma ideia comum para se usar quando você tiver dois compassos com G7. Observe como ela se movimenta para o acorde Bm7 – uma inversão do G7 no começo do segundo compasso.

Exemplo 10f:

Os exemplos a seguir mostram como eu gosto de substituir um acorde F7 quando toco dois compassos de C7 em um blues.

Exemplo 10g:

Vamos agora observar algumas ideias que toco quando estou lidando com a parte do "contratempo lento" de um blues. Ela é a mesma sequência I VI II V que estudamos na maior parte deste livro, mas agora cada acorde dura um compasso inteiro.

Exemplo 10h:

Exemplo 10i:

Como você pode perceber há infinitas formas de ir de um acorde para o outro. Tudo se resume a manter o acorde alvo como o seu "objetivo". Contanto que você o toque na batida correta, você não errará muito. O resto é uma combinação dos tons da escala (normalmente obtidos da escala tônica), das notas de aproximação cromática de um semitom acima ou abaixo e dos padrões de nota de aproximação cromática.

Algumas notas da linha de baixo são harmonizadas. Se você está harmonizando a nota de aproximação cromática em um semitom acima ou abaixo do acorde alvo, você usualmente harmonizará a nota de aproximação com a mesma *qualidade* de acorde da do alvo.

Quando harmonizar um tom na escala, você usará normalmente o acorde apropriado da escala base harmonizada. Por exemplo, na tonalidade de G Maior, os acordes são:

GMaj7, Am7, Bm7, CMaj7, D7, Em7 e F#m7b5.

No entanto, como já vimos, quase todos esses acordes podem ter a sua qualidade alterada. Por exemplo, o GMaj7 é frequentemente tocado como G7 e o Am é frequentemente tocado como um A7. Continue experimentando escutando jazz para que seus ouvidos te guiem.

A melhor forma de aprender essas técnicas é escrever uma linha de baixo para a sua música primeiramente e tentar harmonizar as diferentes notas graves. Se você tentar um acorde de sétima menor e ele não funcionar, tente um de sétima da dominante. Como já salientei ao longo deste livro, a única resposta real é ouvir os grandes músicos de jazz como Joe Pass, Bill Evans e todos os baixistas que mencionei, e ouvir atentamente como eles tocam. Tome emprestado as suas linhas de baixo e veja como você pode harmonizá-las.

Obviamente, há linhas de walking bass que foram treinadas e testadas e que se tornaram parte do arsenal de *licks* do guitarrista de jazz. Elas são um ótimo ponto de partida e ajudarão a te ensinar como uma boa linha de baixo deve soar. Assim como aprendemos uma nova língua utilizando frases prontas no início, assim também acontece na música.

Nos próximos três capítulos, transcrevi três gravações do que toco. A primeira é uma sequência de *mudança de ritmo* (como *Oleo* ou *I Got Rhythm*), a segunda é um jazz blues (como *Blue Monk*) e a terceira é eu tocando as mudanças de acorde em *All the Things You Are*, para mostrar como esta técnica pode ser aplicada para qualquer standard de jazz. Cada trecho contém seções com um acorde por compasso. Quero que você as aprenda e veja como lido com cada uma. Você aprenderá mais disso do que de centenas de opções isoladas que eu possa possivelmente te mostrar.

Gravei dois refrões em cada música, na primeira vez mantenho as coisas simples. Na repetição, adiciono mais complexidade e realismo. Por favor, pegue as minhas ideias e as analise para ver como elas funcionam.

Boa sorte na Jornada!

Martin e Joseph.

Capítulo Onze - Jazz Blues

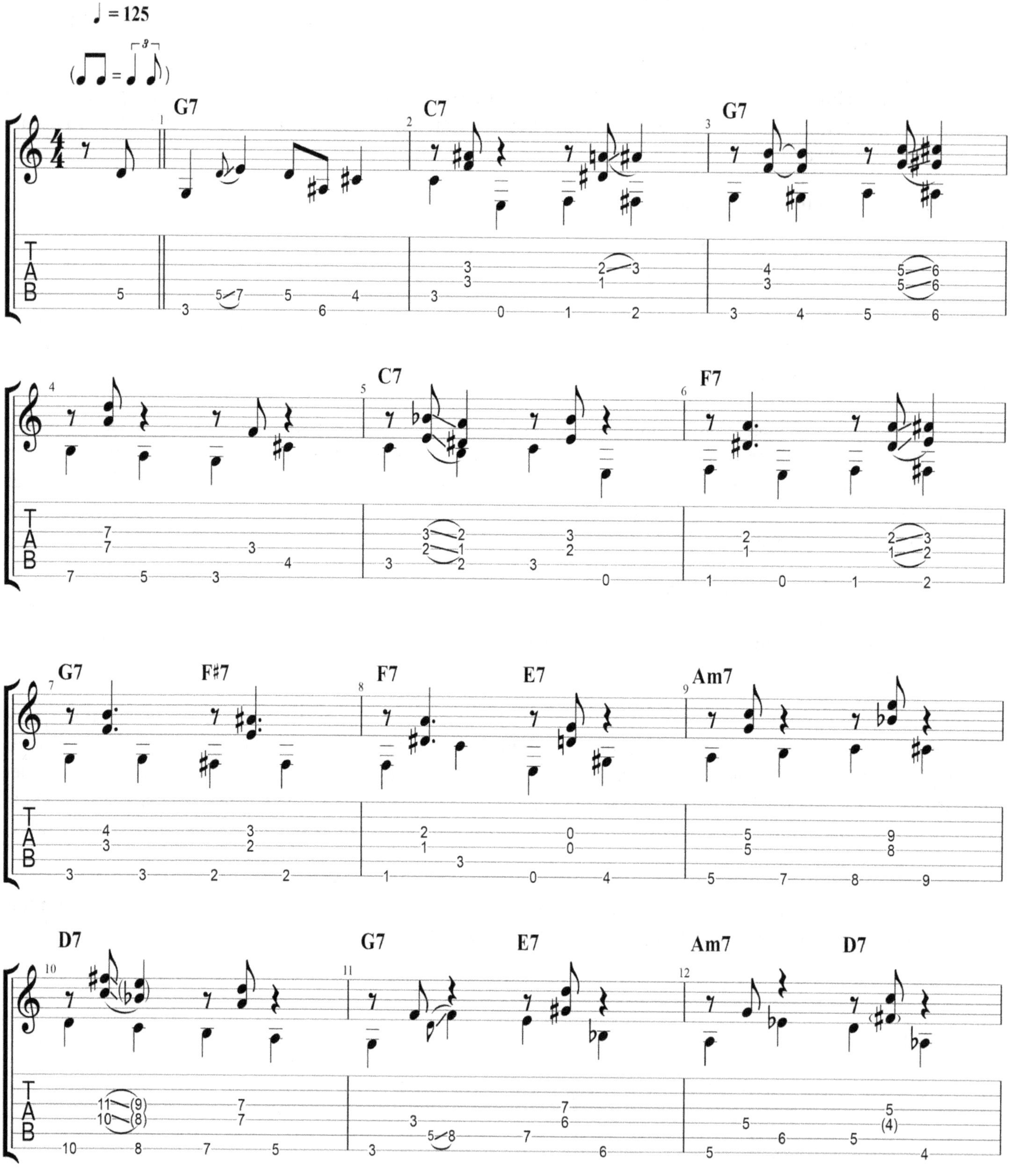

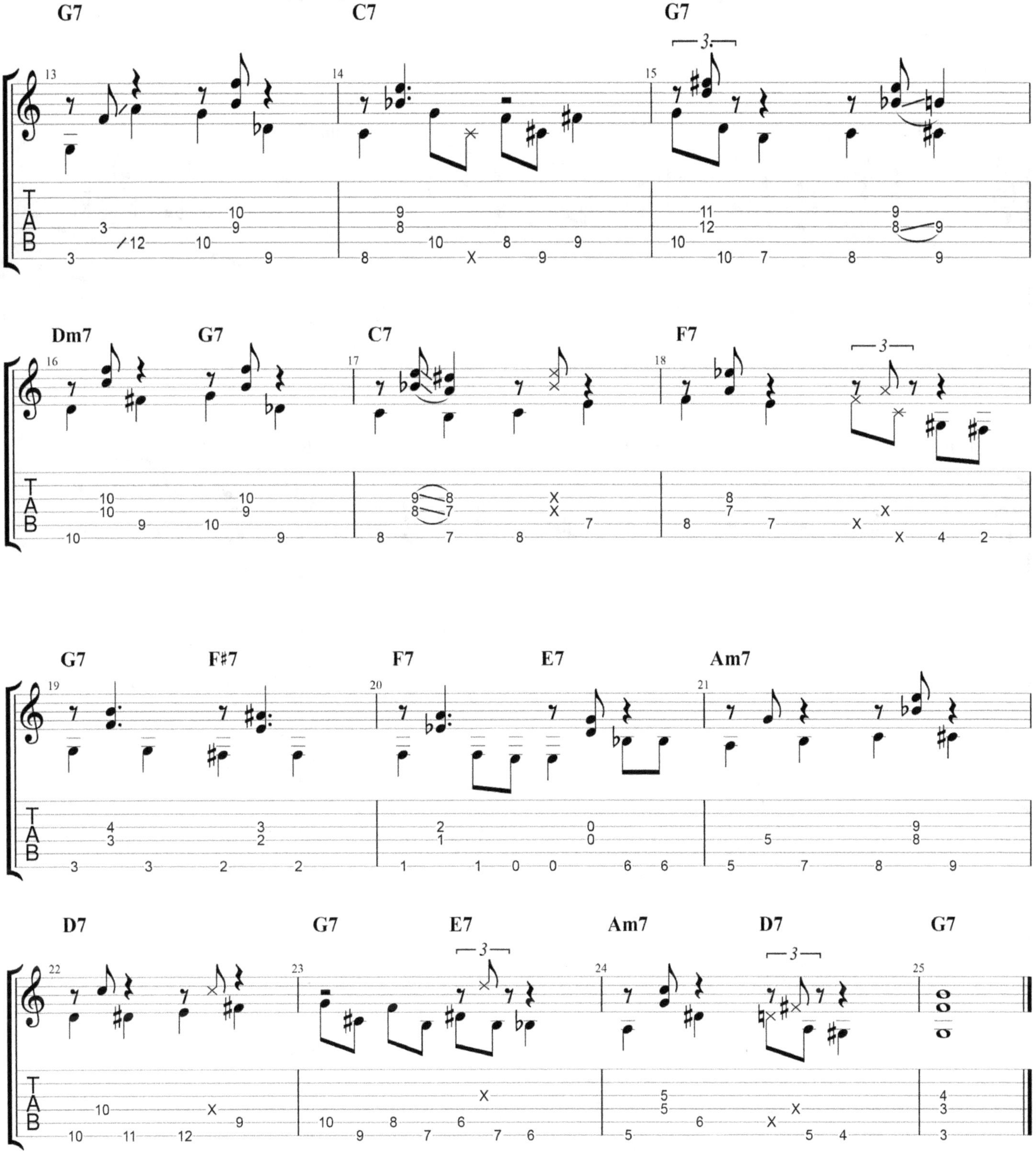
G7 C7 G7
Dm7 G7 C7 F7
G7 F#7 F7 E7 Am7
D7 G7 E7 Am7 D7 G7

Capítulo Doze - Autumn Leavers

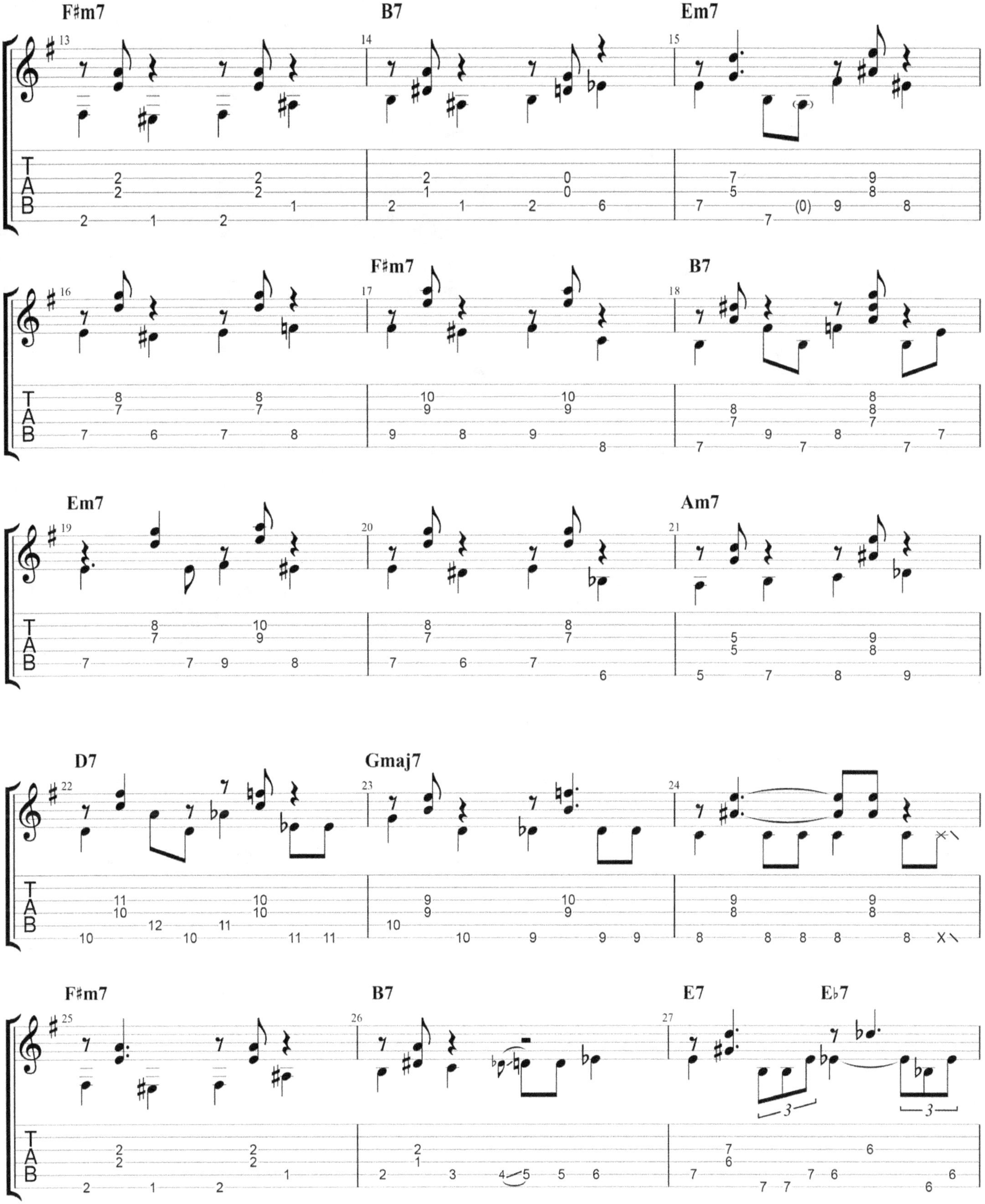
F♯m7
B7
Em7
F♯m7
B7
Em7
Am7
D7
Gmaj7
F♯m7
B7
E7
E♭7

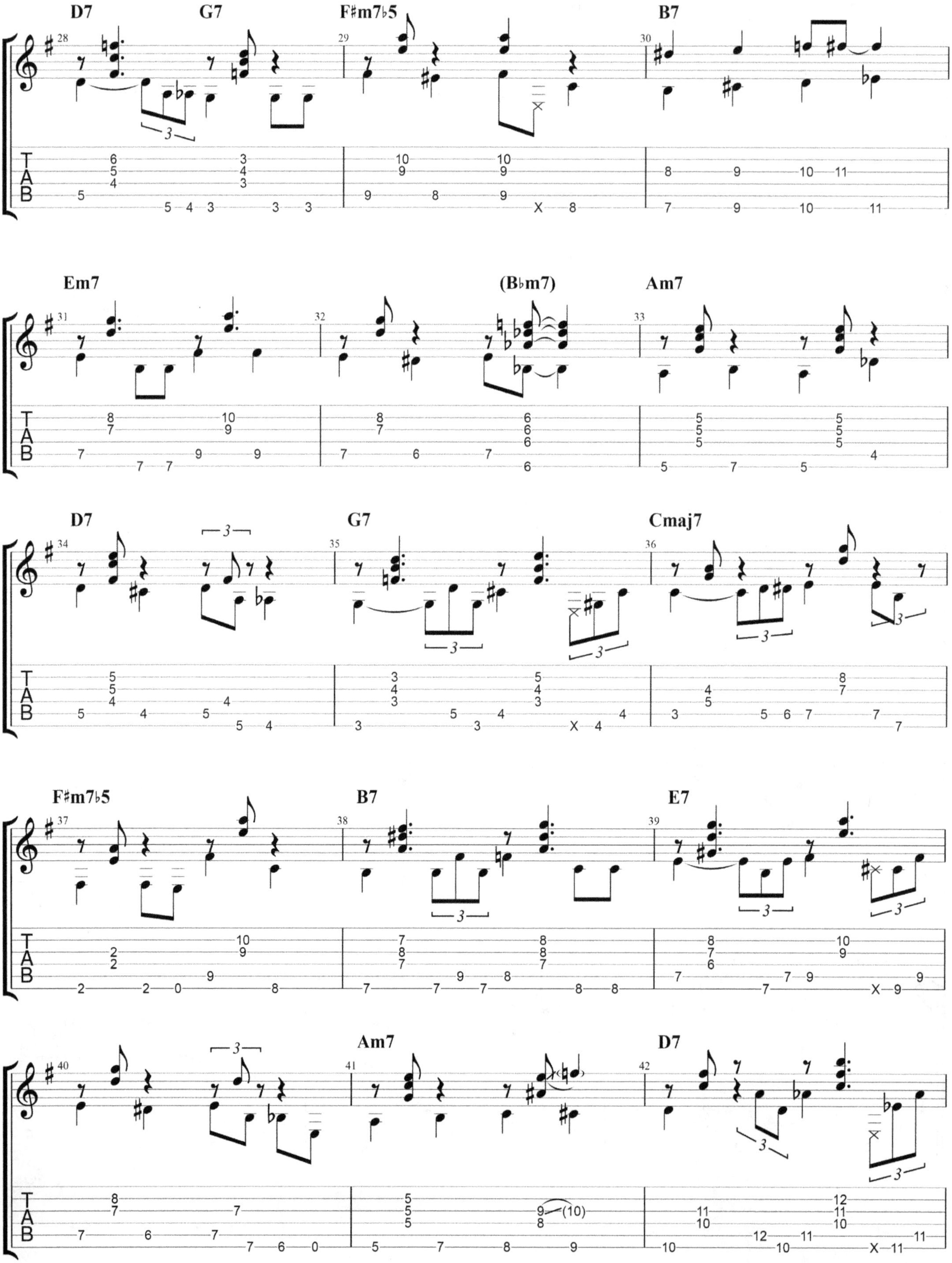
D7
G7
F♯m7♭5
B7
Em7
(B♭m7)
Am7
D7
G7
Cmaj7
F♯m7♭5
B7
E7
Am7
D7
TAB

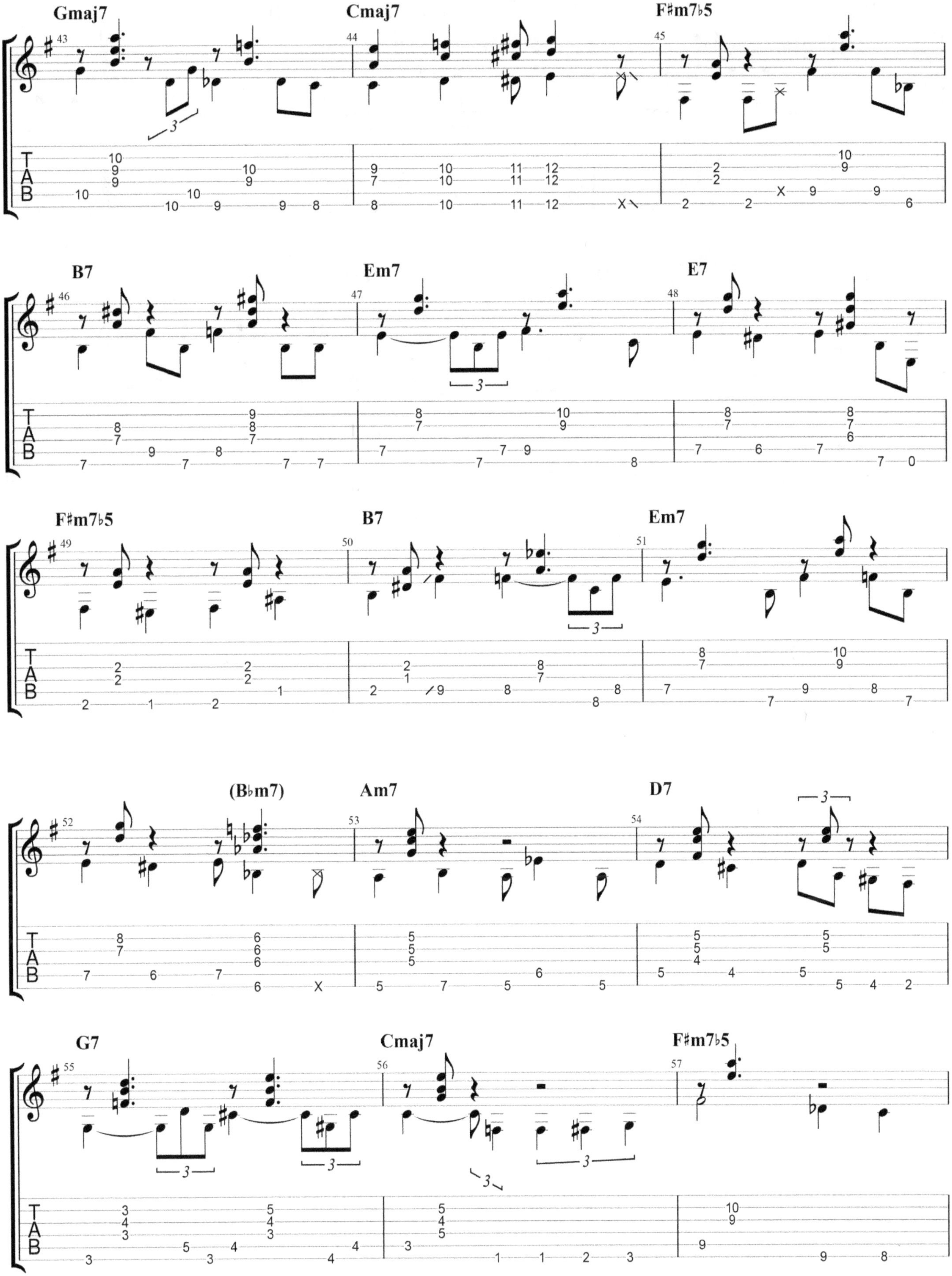
Gmaj7
Cmaj7
F♯m7♭5
B7
Em7
E7
F♯m7♭5
B7
Em7
(B♭m7)
Am7
D7
G7
Cmaj7
F♯m7♭5
TAB

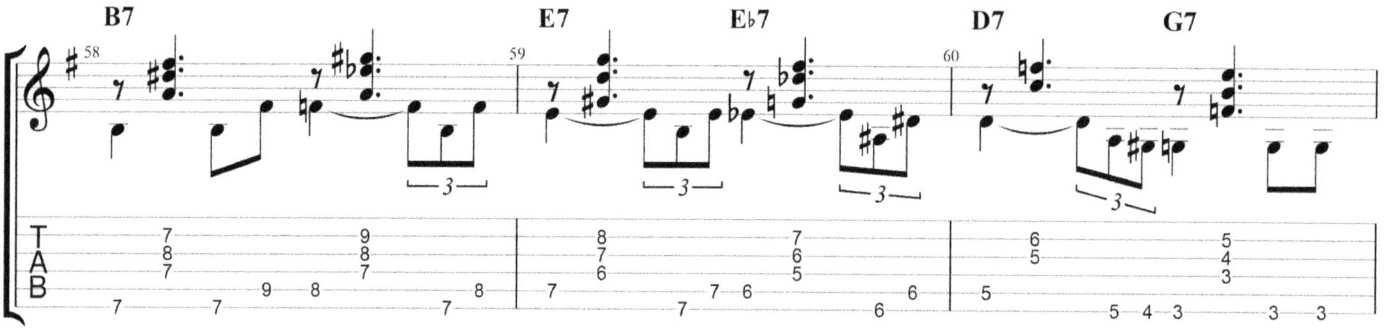
B7
E7
E♭7
D7
G7

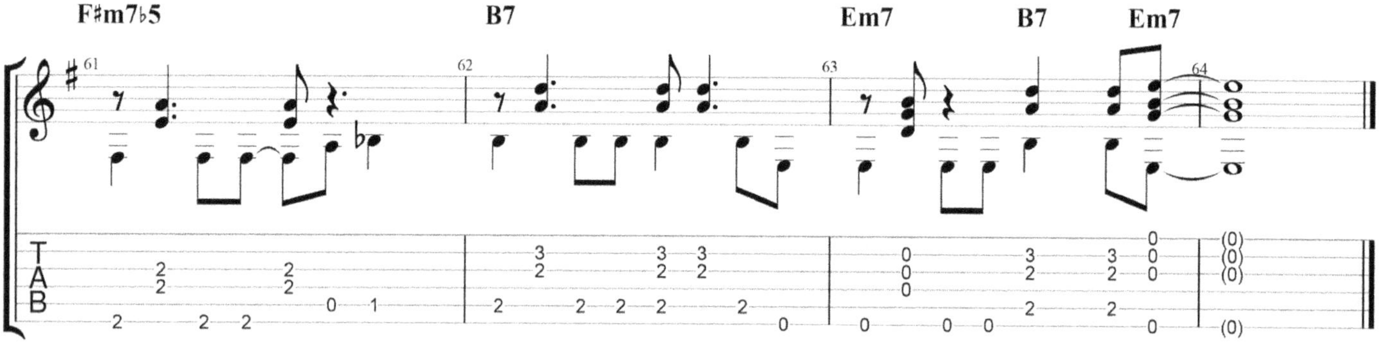
F♯m7♭5
B7
Em7
B7
Em7

Capítulo Treze - All The Things You Aren't

A♭7 Am7 D7 Gmaj7 Am7 B♭m7
Bm7 E7 Am7 D7
Gmaj7 Am7 B♭m7 Bm7 F♯m7♭5
B7 Emaj7 Gm7♭5 C7
Fm7 B♭m7 E♭7
TAB

28 A♭7 D7 29 D♭maj7 30 D♭m7 G♭7
31 Cm7 32 Bdim7 33 B♭m7
34 E♭7 Amaj7 35 A♭maj7 36 G7 C7
37 Fm7 38 B♭m7 39 E♭7
40 A♭7 D7 41 D♭maj7 Fm7 42 Dm7 G7

Cm7
Fm7
B♭7
E7
E♭maj7
A7
A♭maj7
Cm7
Am7
D7
Gmaj7
Am7
Bm7
E7
Am7
D7
Gmaj7
Am7
Bm7
G7
G♭m7♭5

B7
Emaj7
Gm7
C7
Fm7
B♭m7
E♭7
A♭maj7
D♭maj7
D♭m7
G♭7
Cm7
Bdim7
B♭m7
E♭7
A♭maj7

Conclusão e Artistas Recomendados

Bem, nós conseguimos!

Parabéns por ler por este livro por inteiro e chegar até o final. Espero que este livro tenha te dado um entendimento detalhado de como improvisar as suas próprias linhas de baixo e tenha te dado uma visão da forma como as abordo na guitarra.

O próximo passo para você é simplesmente prática e aplicação. Toque as linhas de walking bass em suas músicas favoritas e as use como bases para os seus próprios arranjos. A coisa mais importante que você pode fazer é escutar outros músicos, particularmente os baixistas e os guitarristas de *chord melody*. Joe Pass foi uma grande influência pra mim e tomei como inspiração uma grande parte do seu estilo de tocar.

Como mencionei na introdução, os seguintes baixistas são as maiores influências na minha música, portanto, por favor, escute-os atentamente e tente igualar os seus ritmos e fraseados.

- Niels-Henning Ørsted Pedersen

- Ray Brown

- Oscar Pettiford

- Jaco Pastorius

Pratique sem as *backing tracks* e mantenha o clique do metrônomo em 2 e 4. Isso te ajudará a desenvolver a sua independência musical e o seu senso rítmico. É muito importante ser capaz de executar uma linha de baixo sólida sem ouvir outros instrumentos, logo certifique-se de que você sempre saiba em qual compasso você está e onde você está na música.

Com o tempo, você desenvolverá os seus próprios *"licks"* da linha de baixo e será capaz de confiar neles em um espaço curto. Por favor, use os meus e transcreva aqueles tocados pelos grandes guitarristas de jazz.

Finalmente, algo que é despercebido na forma de tocar guitarra é o uso da dinâmica. Tente desenvolver controles de volume independentes para cada um dos seus dedos, ou, pelo menos, entre os seus dedos e o polegar. Ao variar o volume das diferentes partes, você insere vida nova nas linhas de baixo que, de outro modo, soariam simples. O seu controle da dinâmica pode realmente inspirar os solistas e os músicos ao seu redor a fazer coisas melhores.

Lembre-se, agora você está combinando três instrumentos - guitarra, baixo e bateria - a espinha dorsal rítmica de qualquer banda. Seja sólido, dinâmico e tenha um *groove* para oferecer uma seção rítmica confiável aos outros músicos.

Acima de tudo, divirta-se e continue explorando!

Com carinho,

Martin Taylor

Aprenda o Chord Melody na Guitarra Jazz com Martin Taylor

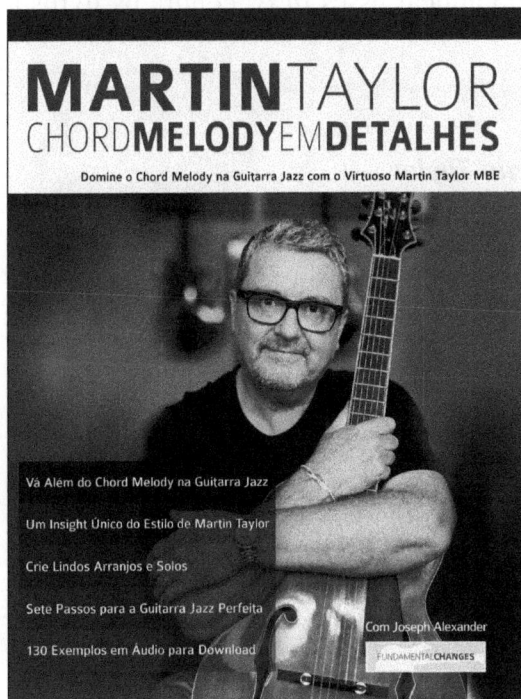

Domine o Chord Melody na Guitarra Jazz com o Virtuoso Martin Taylor MBE

Chord Melody Em Detalhes com Martin Taylor MBE condensa mais de 40 anos de expertise e conhecimento neste belo livro de guitarra jazz. Aprenda do aclamado internacionalmente mestre de *chord melody* na jazz da guitarra, conforme ele te ensina, em 7 passos, o método para criar os seus próprios arranjos. Como bônus especial, dois vídeos online especialmente produzidos estão inclusos, com Martin ilustrando as técnicas-chave.

Colocando as Ferramentas Criativas da Guitarra Jazz nas Suas Mãos

Se você ama a melodia e o acorde de jazz na guitarra, você tem encontrado dificuldade provavelmente para aprender os arranjos de outras pessoas, enquanto tenta para criar os seus próprios.

Chord Melody Em Detalhes te ensina a fórmula secreta de Martin Taylor para criar arranjos de jazz na guitarra e te dá as ferramentas para dominar a sua guitarra e criar os seus próprios e incríveis arranjos com *chord melody*.

O Que Você Irá Aprender:

- 7 passos para o *chord melody* na guitarra jazz que despertarão a sua criatividade

- Como fazer um arranjo com *chord melody* em qualquer standard de jazz.

- Como tocar acordes e solos ao mesmo tempo

- Supere os bloqueios comuns que atrapalham o seu progresso

- Construa incríveis arranjos com *chord melody* na guitarra jazz

- Os elementos essenciais de qualquer standard de jazz

- Liberte-se do diagrama de acordes e descubra a liberdade de tocar a guitarra em polifonia

Bônus 1: Aprenda um arranjo completo de *chord melody* de uma música original para consolidar todas as técnicas da guitarra do jazz e iniciar o seu domínio do *chord melody* na guitarra jazz.

Bônus 2: Dois vídeos exclusivos com Martin Taylor que demonstra claramente os aspectos mais fundamentais do seu estilo de tocar jazz.

Outros Livros de Guitarra Jazz da Fundamental Changes

Para estudos adicionais de jazz e para conseguir mais ideias de como aplicar esses *licks*, confira os livros a seguir da Fundamental Changes.

Chord Melody Em Detalhes com Martin Taylor

Conceitos Modernos de Jazz na Guitarra (Jens Larsen)

Chord Tone em Solos na Guitarra Jazz (Joseph Alexander)

Fundamental Changes na Guitarra Jazz (Joseph Alexander)

Dominando o ii V Menor na Guitarra Jazz (Joseph Alexander)

Voice Leading na Guitarra Jazz (Joseph Alexander)

Bebop em Jazz Blues na Guitarra (Tim Pettingale)

Solos na Guitarra: Jazz e Blues (Joseph Alexander)

100 Licks Clássicos de Jazz para Guitarra (Joseph Alexander & Pete Sklaroff)

A Guitarra Joya de Martin Taylor

Bela Guitarra Joya de Martin, Feita à Mão. Para mais informações visite:

https://martintaylorguitars.com